JN201993

丁寧すぎるさんのための

仕事・人間関係 力の抜きかた

HSP専門キャリアコンサルタント
みさきじゅり 著
esk マンガ

三笠書房

まずは明日、

1分だけ早く帰ってみてください。

また残業しちゃった！
4日連続だァ…
早く帰りたいのに…
料理とか
ヨガとか
したかったのに
なァ…
しかたないか

明日、1分だけ
早く帰って
みて？
にゅっ
わっ
は、はい
1分だけなら…

次の日
お、
お先に
失礼します
おつー
ハイ
おつかれー
ドキドキ
1分早く
帰れた…
あれ、みんなそんなに
気にしてない…？

さらに次の日
会社
あれ？
30分も
早く
帰れてる！
パアァァ
なんで？。

はじめに

「ほどよく手を抜いて」なんて、わからない…

「そこまで丁寧にやらなくてもいいのに」

そう、言われたことがありますか?

「丁寧にすること」って悪いことじゃないのに、どうしてそんなふうに言われるのだろう……。

これは私が長年の間、疑問に思っていたことでした。

驚いたことに、私のもとへキャリア相談にくる方々の多くも、同じような感覚をもっていたのです。

日本人だけでなく、外国籍の方々にも一定数、同じような感覚をもつ人がいました。

私を含む、そんな者同士で盛り上がるのが、いかに自分たちが力を抜くのが下手かという自虐(じぎゃく)的な話でした。

特に「あるある」話としてよく出てくるのが、「気づくと残業をしている」「理由はわからないけど地味に疲れる」。

そこで、あるときから「たとえば帰社時間を1分だけ早くしてみませんか」と投げかけたところ、たくさんの「丁寧すぎるさん」から、

「あんなに仕事が嫌だったのに、今は気持ちに余裕があります」

「残業をしなくなりました」

「明日にでも辞めたかったけど、今はもうちょっといてもいいかな」

と報告をいただくようになりました。

〝たった1分〟早く帰っただけなのに、何がそんなに変わったと思いますか？

実はこれ、たとえ1分でも〝力を抜けた〟という成功体験ができたことによって、力を抜くサイクルができたからなのです。

こんなふうに多くの「丁寧すぎるさん」に喜んでいただけるなら、力を抜く方法をもっと知ってもらいたい！　と思い、本にまとめました。

リラックスするのが下手、ついがんばりすぎて燃え尽きる……。この本では、そんなあなたが「ラク」という感覚を感じていただける道のりをお示ししました。

さあ、一緒に歩んでいきましょう！

みさきじゅり

Contents

はじめに　「ほどよく手を抜いて」なんて、わからない…　2

1章 いつの間にか、「がんばり屋さん」を通り越している？

——丁寧すぎるさん特有の「がんばり方」

口ぐせは「でも、大丈夫」　16
がんばりすぎ度診断　19
やめたくてもやめられない「がんばりすぎ」　20
がんばりたいのは「あなただけ」かも？　23
とにかく「すべて」をがんばる　25
「ラク」や「ズル」はダメという思い込み　26

「誰か」の役に立ちたくて 29
「手伝ってもらう」は考えない 31
他人事まで自分事？ 32
「足りない」を補うためのがんばり 34
マイナスの動機でがんばり続けるには限界がある 36

2章

なんでいつも、こんなに気を張っているの？
——がんばりすぎる「メカニズム」

小さな小さな刺激で心はボロボロに 40
妄想がムクムクと 43

「心の陣地」で起きていること　44
すべては「穏やかであってほしい」という願い　47
自分の気持ちを見失う「丁寧すぎる」対応とは　48

「100でない」のは「0」と同じ　51

丁寧すぎるさんなりの「正義」がある　54

よく気がつくのは「生まれつき」　56

「繊細さ」は「弱々しさ」だけじゃない　58

「無理したらできること」は「無理なこと」

——自分のキャパを「マネジメント」する方法

「がんばる」＝褒め言葉？ 64
その「できる」はスキル or キャパ？ 67
あなたのキャパを決められるのはあなただけ 69
がんばるべきは「キャパのマネジメント」 71
「心のしわけ」で自分の気持ちを見つける 73
「心をしわける」って何？ 75
優先順位がつくだけで、心は落ち着く 79
物理的な境界がもたらす効果 81
境界①スペースを明確化――付箋で境界大作戦 82
境界②「好き」を持ち歩く――マイツールで安心感 85
境界③時間を区切る――「通知はＯＦＦ」宣言 86

「心を見える化」する質問 88

質問①「そう思っているのは、誰？」 90

質問②「相手は『大変』と言っている？」 91

「NOを伝える」という健全な守り 94

がんばっても、がんばらなくてもいい 96

自分という「電池」を大切に使う 97

相手をがっかりさせない「NO」の伝え方 99

プラスの効果をもたらす「NO」 104

丁寧すぎるさんが苦手なこと 107

その「慎重さ」で質問魔に!? 109

4章 でも、手を抜きたくない！ 誰にも嫌われたくない！

――安心して力を抜くための「コツ」

「がんばるために休む」方法　114

「範囲」を決めてやる　119

「断る＝罪悪感がない」は思い込み　122

心配事を数値化すると…　125

仕事中の自分への「3つの問いかけ」　128

「それは誰の仕事？」――仕事を増やさない　129

「それは自分の〝職務範囲〟？」――責任を増やさない　130

「この会社は誰のもの？」――立場を踏み越えない　131

「役に立つ」と「ラク」は両立できる 133

「手伝う理由」に立ち返る 136

「お役に立てているか」聞いてみる 139

あなたの「トリセツ」を知ってもらおう! 142

「安心できる方法があります」――自分の〝得意〟はコレ 143

「マニュアルがほしいです」――エラーケースも知りたいから 145

「ここまでならできます」――キャパオーバーは負担がかかる 147

自分のトリセツを伝えないのは「無責任」 149

5章

丁寧すぎるさんは「遅咲き」でいい

――自分のペースで自分らしく輝く

「がんばりすぎ」をやめてみたら 154
ケア&リカバリーはこまめに 158
「要領が悪い」と言われても 160
しんどい時期には終わりがくる 163
人生が花開くまでの「準備期間」 167
リーダーになることを躊躇しないで 168
おわりに
がんばりすぎは「不器用な愛」 172

執筆協力　玉置見帆
本文DTP　株式会社Sun Fuerza

HP
100
うさ田（だ）
頼まれごとは断りません
基本的に仕事が好き。資料作りに
没頭すると時間を忘れる。よく仕事を
もらい、よくあめちゃんをあげている。

HP
???
ミサコ先輩
どこからともなく現れる
うさ田さんをやさしく見守る神出
鬼没な先輩。

いつの間にか、「がんばり屋さん」を通り越している？

──丁寧すぎるさん特有の「がんばり方」

口ぐせは「でも、大丈夫」

君はいつも仕事が丁寧だし、やる気もあるね
スバラシイッ
このくらいでしたらいつでもッ…
実は超タイヘンでした
カンペキな資料
がんばったから、今日はご褒美にラーメン食べるぞっ!!
ねぇ一緒にパスタ行こうよ〜
あっ…
うん! いくいく! パスタ食べたかったの
早く帰って夜こそラーメンいこ!
あれ、コピー機汚れてる
掃除しとこみんな使うしね
スル〜
スタスタ
さーて、ようやく自分の仕事よ
ギッ
みんなのため!
おつでーす
スル〜
まだまだやるぞ〜
うさ田さんすごいよね
私にはできないけど

「丁寧すぎる」――

あなたは、この言葉にピンときて、本書を手に取ってくださったのではないでしょうか。

よかれと思って気を回した。喜んでもらいたくて一生懸命やった。ところがまわりの反応は、**「そこまで丁寧にやらなくていいよ（苦笑）」**……。

このようなことを言われがちな「丁寧すぎるさん」のあなた。

それは、もしかすると、〝**がんばりすぎている**〟のではないでしょうか。

丁寧すぎるさんからのご相談の中で、このようなお話をよく聞くのです。

「丁寧だから、仕事で評価もしてもらえるし、熱意を褒められることもある。でも、心の底から嬉しいわけではない気がする。

本当はちょっと疲れているし、まわりの人が思っているほどの気力もない。

でも、みんなの役に立ちたいから、がんばる。そのがんばりに気づいてもらえることとはほとんどないけど、大丈夫」

…………

いつの間にか、「がんばり屋さん」を通り越している？

…………

その「大丈夫」、本当ですか？

がんばり続ける自分を止められなくて、必要以上にがんばりすぎている、ということはないでしょうか？

「いやいや、まだ、がんばりが足りない。もっとがんばらないと」

本当にそうでしょうか。あなたは、あなたが思っているよりも遥かにがんばっている。もう十分すぎるほどがんばっているのだと、私は思います。

きっとあなたは、謙遜(けんそん)しながらも、**自分が努力家であることは自覚しているはず。**

でも、その「努力すべき」という気持ちが、時にあなたの心を置き去りにしてしまう、〝**がんばりすぎ屋さん**〟であることには気づいていないと思うのです。

今、「でも……」と、心の中で言いかけませんでしたか？

「でも」って、「いいえ」と違って、前の事柄を一度は肯定している言葉なんです。

いったん、次の「がんばりすぎ度診断」を試してみてください。

がんばりすぎ度診断

あなたに当てはまるものにチェックを入れてみましょう。8つ以上当てはまったら、「がんばりすぎ屋さん」です。

- □ 「〜したい」より「〜するべき」と思うことが多い
- □ 「大丈夫です」「できます」とすぐ言ってしまう
- □ 「ここに書いていないことが起きたらどうしよう？」と考える
- □ 「迷惑をかけたら申し訳ない」と思う
- □ 「もっとやれることがあったのでは」といつも気がかり
- □ 手の抜き方がわからない
- □ 大変そうな人がいると気になって仕方がない
- □ ぐったりして、帰宅後に仮眠しないと家事ができない
- □ 休みの日も、ふと仕事のシーンが脳裏に蘇る
- □ 気づいたら夜なべをしていることが多い
- □ 「よく気がつくね」と言われる
- □ 人からのお誘いを断れない

やめたくてもやめられない「がんばりすぎ」

キャリアコンサルタントをしている私のところには、がんばりすぎている方々が、たくさん相談にやってきます。

ほとんどの場合、顔に疲れがにじみ出ているので、「休んだほうがいいんじゃないですか?」と声をかけますが、決まって次のような言葉が返ってきます。


「でも、仕事はちゃんとしたいんです」

「でも、私が休んだら、まわりに迷惑がかかるんです」

「でも、今やらなかったら、大変なことになると目に見えているんです」


――丁寧すぎるさんであり、がんばりすぎ屋さんである人たちの心の中は、

「今、自分ががんばらないと、大変なことになる」

という不安でいっぱい。

そんな **〝漠然とした不安〟に負けないよう、がんばらずにはいられない**のです。

あなたの心や体が、「しんどいなあ」「疲れたなあ」と、ＳＯＳを出しているのも、本当は感じている。でも、がんばるのをやめられない。

思い当たるところがありませんか？

そんなあなたに朗報です。

あなたがもともともっている、細かいことに気がつく能力や、根気強さ、努力家な部分は変えることなく、心も体も今よりずっとラクになれるスタイルを選ぶことができるのです。

静かな場所に引越したり、転職したり、人生を大きくリセットしなくても、自分の体調や方針に合った生き方は実現できます。

まわりの人に迷惑をかけることも、これまでに築いた信頼関係を損なうこともありません。むしろもっと信頼されていく。

そういう生き方が選べるということを、ぜひ知っていただきたいのです。

丁寧すぎるさんが、無理をせずに、ほどよく力を抜くためには、「がんばりすぎ」とはどういうことかを理解することが大切です。

まずは、がんばりすぎてしまう理由から、ゆっくり見ていきましょう。

「でも……」という言葉で、本当は休みたい気持ちを閉じ込めていませんか？

いつの間にか、「がんばり屋さん」を通り越している？

丁寧すぎるさんが「がんばりすぎてしまう」理由は、大きく分けて2つあると考えられます。

それが、**「完璧主義」**と**「役に立ちたい」**です。

まずは**「完璧主義」**について。

丁寧すぎるさんは、何事においても「こなす」だけでは十分だと思えないのです。仕事、人間関係、家事など、どんなことにも**クオリティの高さを追求するのが、当たり前**だと思っています。

この完璧主義が「がんばりすぎ」につながるのは、クオリティの追求に夢中になるあまり、**自分の心・体の疲れやストレスに目を向けなくなる**からです。

気づくべきストレスに気づけない、感覚麻痺（まひ）のような状態が、生き方のベースになるのです。

この、「気づくべきストレスに気づけなくなっている」というのが、〝ただ丁寧な人〟と〝完璧主義な人〟の境界といえるかもしれません。

感覚麻痺のような状態ですから、完璧主義の人の多くは、自分が完璧主義であることを自覚していません。

自分に負担がかかっていたり、ストレスを感じていたりする事実からは目をそむけ、その代わりに、書類の誤字脱字をチェックするとか、書類の束の端をきれいに揃えるといった細かい作業に心血を注ぎ、エネルギーをかけてしまいます。

そして、まわりの人から「完璧主義だよね」と言われると、一生懸命やっていることを否定されたと感じ、傷つきます。

「完璧主義」という言葉が、肯定的な意味で使われることはあまりないということも知っているのです。

とにかく「すべて」をがんばる

細かいところを隅々までチェックしてきれいにドキュメントを作ったり、きっちり端を揃えた資料に同じ角度でクリップ留めしたり、それ自体はいいことですよね。で

も、仕事において優先度が高いかというと、必ずしもそうとはいえません。

内容をさらに練って検討するとか、プレゼンを決められた時間内に終えられるように尺の調整をするとか、もっと他に優先したほうがいいことがあります。

内容も検討しつつ、それ以外の細かい作業もやるとなると、時間が足りない。そこで、細かい作業を諦めるのではなく、仕事を持ち帰ってまで、すべてをやり遂げようとする。これが「完璧主義」なのです。


完璧主義の人ががんばりすぎてしまうのは、仕事に限りません。

自分の容姿や、人生のパートナー選び、収入をいくらにするか、どこに住むかなど、**人生のすべてにおいて、がんばりすぎを発揮**します。

「ラク」や「ズル」はダメという思い込み

「完璧主義」でがんばりすぎてしまう人は〝理想が高い〟のです。

一般的に考えて「達成するのはちょっと大変かも」と尻込みしそうなレベル、「てんこ盛りじゃない？」と思わず突っ込みたくなるようなレベルの理想を掲げるところがあります。

たとえば、26歳までに結婚して、子育てをちゃんとして、有名大学に進学もさせて、かつ自分自身のことにも手を抜かず、仕事でキャリアも積んで、上司からも後輩からも頼りにされたい……と鼻息荒く考えていたりします。

理想をかなえるために、ラクしたりズルしたりするつもりはちっともなくて、ただひたすらがんばろうとする。**真剣に、すべて自分の力で成し遂げようと**してしまいます。

あなたの疲れを知ってか知らずか、まわりの人はよく、「がんばってね！　応援してる！」と言ってくれます。

でも、切ないのは、「そこまでやらなくてもいいと思うけど……」「私にはちょっとできないけど……」という声が続くこともあるから。

褒められているのかどうなのか、わからなくなり、もやもやするのです。

人間ですから、がんばり続けたら、疲れます。

でも、完璧主義さんの多くは、**一度掲げた理想を諦めたくない**。達成のために一切の妥協はしたくない。全部を、ちゃんとがんばった末に成し遂げ、手に入れたい。

そんな、頑固で、生き方が不器用という面もあるのです。

悪いことをしているわけではない、だからよけいタチが悪い

「誰か」の役に立ちたくて

丁寧すぎるさんの2つめの特徴は、**「役に立ちたい」**。

その思いが強すぎて、「自分」をどこかへ置き去りにしてしまいます。

役に立ちたい対象は、自分以外であれば何でもOK。目の前の「人」のときもあれば、「会社」の役に立ちたい、「社会」の役に立ちたいというときもあります。

たとえば、会社が新しく男性の育休制度を導入するとなったら、真っ先に取得者として名乗りを上げます。

「会社の男性社員たちのために、自分が道を切り開かなきゃいけない」と、真剣に考えるのです。

しかし、先頭を切って、まわりの役に立ったにもかかわらず、なぜか嬉しくない

――たくさんの方々が、このような相談にこられます。

顔を見ると、深刻そうで、息苦しそう。

なぜなら、「よりよい未来のために」と、笑顔でがんばるというよりは、「**自分がやらないと誰かが困るかもしれない**」と、危機感を抱き、ストイックに思い詰めているのが、役に立ちたくてがんばりすぎてしまう人だからです。

さらに、このストイックさが、悩みに輪をかけてしまうこともあります。

「役に立ちたい」気持ちは、常に真剣。それゆえに、仕事で**自分の責任範囲をこえたところにまで目を向ける**ことがあるのです。

たとえ上司に対してでも、「会社のために、社内をこう改善するべきではないですか」と指摘することに遠慮がありません。「完璧主義」の特徴でもお話ししたのと同じように、高い理想を掲げるのです。

これぞ、と思ったことの実現には、立場を踏み越えることも躊躇(ちゅうちょ)しないところがあります。

「手伝ってもらう」は考えない

矛盾するようですが、「みんなのために」という強い思いがあるにもかかわらず、その達成のために、「みんなも手伝ってよ」などとまわりを巻き込むことについては、ためらう人が多いのも事実です。

自分の仕事が忙しい中、オフィスの散らかりが気になる。そんなとき、「手が空いている人に、片付けてもらおう」ではなく、「みんな忙しそうだから、私が片付けよう」と**無意識に自己犠牲が働く**のが、がんばりすぎてしまう人です。

いつもまわりに気を遣い、疲れていてもあれこれ気がついてしまうし、「自分がやらなきゃ」と思ってしまう。**頭を休めたくても手を動かしてしまう**ところがあります。

困るかもしれない「誰か」のために、気づけば自分をすり減らしている

他人事まで自分事？

丁寧すぎるさん、つまりがんばりすぎ屋さんのがんばり方には、いくつか特徴があります。

・相手の代わりにがんばる
・断れずに自分で抱える
・相手を立てるためにがんばる

「相手の代わりにがんばる」というのは、たとえば、忙しそうな相手に仕事を頼めないから自分がやる。トラブルを抱えている人に手を貸さずにはいられず、自分から首をつっこんでいく、といった具合です。

本来「他人事」であったことが、知らない間に「自分事」になっています。

「断れずに自分で抱える」というのは、**「自分のスキルや知識、経験が足りないから」という劣等感がある**場合に多いようです。

スキルをつけるために……と思って取り組んだものが抱えきれなくなり、自分を追い込んでしまうパターンです。

さらに、口調の強い相手の頼み事は断れなかったり、相手の気持ちを優先しすぎるあまり、思ったことが言えなかったり、というのも、こちらのがんばり方です。

「相手を立てるためにがんばる」というのは、相手が気分を害さないように配慮している、ということです。この場合、**「自分ががんばるのをやめると、相手に迷惑がかかる」**というのを恐れ、がんばらずにいられないことが多いのです。

たとえば資料を細かく作り込む理由も、その資料を読む相手の気分を害さないためです。

「足りない」を補うためのがんばり

がんばりすぎ屋さんのがんばり方には、共通していることがあります。

それは、「足りないところを補う」という視点です。

言い換えると、**「マイナスをゼロにする」ためのがんばり**であることがほとんどです。残念なことに、希望（プラス）に向かうためのがんばりは、あまりみられません。

ここまで本書を読んで、「あれ？　私、めちゃくちゃがんばっているし、へとへとだけど、『がんばりすぎ屋さん』には当てはまらないかも？」と思った人がいるかもしれません。

たとえば、育休から復帰したばかりのママさんも、すごくがんばっている印象がありますよね。そこで、

「子どものためにがんばろう」

「今は時短勤務だけど、子どもが中学生になったらフルタイムに復帰したい」といった、ポジティブな理由や、将来のプランに向かって努力している人。そういった人たちは、がんばりすぎ屋さんとはちょっと違うかもしれません。

一方で、

「まわりの迷惑になってはいけないから」

「マイナスを埋めなきゃいけないから」

といった〝不足を補おう〟という動機で動いている場合。常に足りないものを自分の中やまわりに見つけ、それを埋めなければ、とがんばってしまうのが、いわゆる「がんばりすぎ屋さん」。

同じ「誰かのため」であったとしても、あくまで「不足を補う」ことが、がんばりすぎ屋さんの「がんばり」や「努力」であり、そのために〝働くべき〟と思っているのです。

このように、とてもがんばっているからといって、その人が必ずしも「がんばりすぎ屋さん」であるとは限らないのです。

マイナスの動機でがんばり続けるには限界がある

努力することは、素晴らしいことです。まわりからは努力家だと思われるでしょう。がんばった分だけ、スキルが伸びるでしょうし、相手にも喜ばれるでしょう。

とはいえ、「足りないところを補う」という、マイナスの動機でがんばり続けるには、限界があります。

「きちんとやらないと、みんなに迷惑をかける」と考えていると、スキルは身についても、心は消耗します。「何が楽しいんだろう」「私は今、幸せなのか」といった、**漠然とした不幸せ感**みたいなものが、押し寄せます。

こうした状況に陥ったとき、自分自身のことを「自己肯定感が低い」と感じたり、「自分のことが好きじゃない」と心配したりしてしまうでしょう。

気持ちがネガティブなほうへ傾くと、たくさんのことを学び、実践して、きちんと実績を積んでいるという客観的な事実があるにもかかわらず、自信や確信がもてなくなりますよね。

自分を大切にしていないことに目を向けないまま努力を重ねて、**心も体も「燃え尽きる」まで続ける**。これが、がんばりすぎてしまう、丁寧すぎるさんの行く末です。

ここまで、丁寧すぎるさんの特徴と、がんばりすぎる理由をお話ししました。

さあ、ここからは、一緒に、がんばりすぎをやめていきましょう！

そのために、次章からは、「がんばりすぎるメカニズム」を解き明かしていきます。

がんばりすぎのあなたにはきっと、「そうそう、そうなの！」と、頷(うなず)きすぎて首がもげてしまいそうになるくらい、共感してもらえると思いますよ。

「他人事」まで「自分事」になっていたら要注意！

1章まとめ

「丁寧すぎるさん」は「がんばりすぎ屋さん」。
「がんばる」のが当たり前。それは、
「常に最高の形で、誰かの期待に応えたい」と
願う、思いやりのあるあなただから。

完璧でなくちゃ

- 美意識が高い
- 几帳面
- クオリティは上げて当たり前

役に立ちたい

- 目の前の誰かが喜んでくれるなら
- 会社のために

↓

そのためなら自分の犠牲も厭(いと)わない

2章

なんでいつも、こんなに気を張っているの？

——がんばりすぎる「メカニズム」

小さな小さな刺激で心はボロボロに

「がんばりすぎるメカニズム」を理解するには、がんばりすぎ屋さんの心のつくりを知っておく必要があります。

まずは、「ピンク色の円」をイメージしてみてください（本書では灰色ですが……）。

その円には、あなたの気持ちや考え、感じていることが詰まっています。

これを**「心の陣地」**と呼びます。

丁寧すぎるさんの心の陣地は、些細なことにも敏感に反応する性質があります。

たとえば、相手がふと目をそらしたとか、眉間にシワが寄ったとか、すぐに返事を返してくれなかったとかいうことが気になり、そのことで落ち込んだり、いつまでも思い返したりします。

次のページの図を見てもらうとわかるように、これらはとても細い、針よりも細いくらいの刺激です。丁寧すぎるさんは、これらの小さな小さな刺激の一つひとつを感じ取り、思い悩む傾向があります。

丁寧すぎじゃない人――ここでは「じゃない君」としますが、じゃない君にとってこれらの刺激は、気づかないか、気づいてもサッと流せる程度のものでしょう。

丁寧すぎるさんの心の陣地

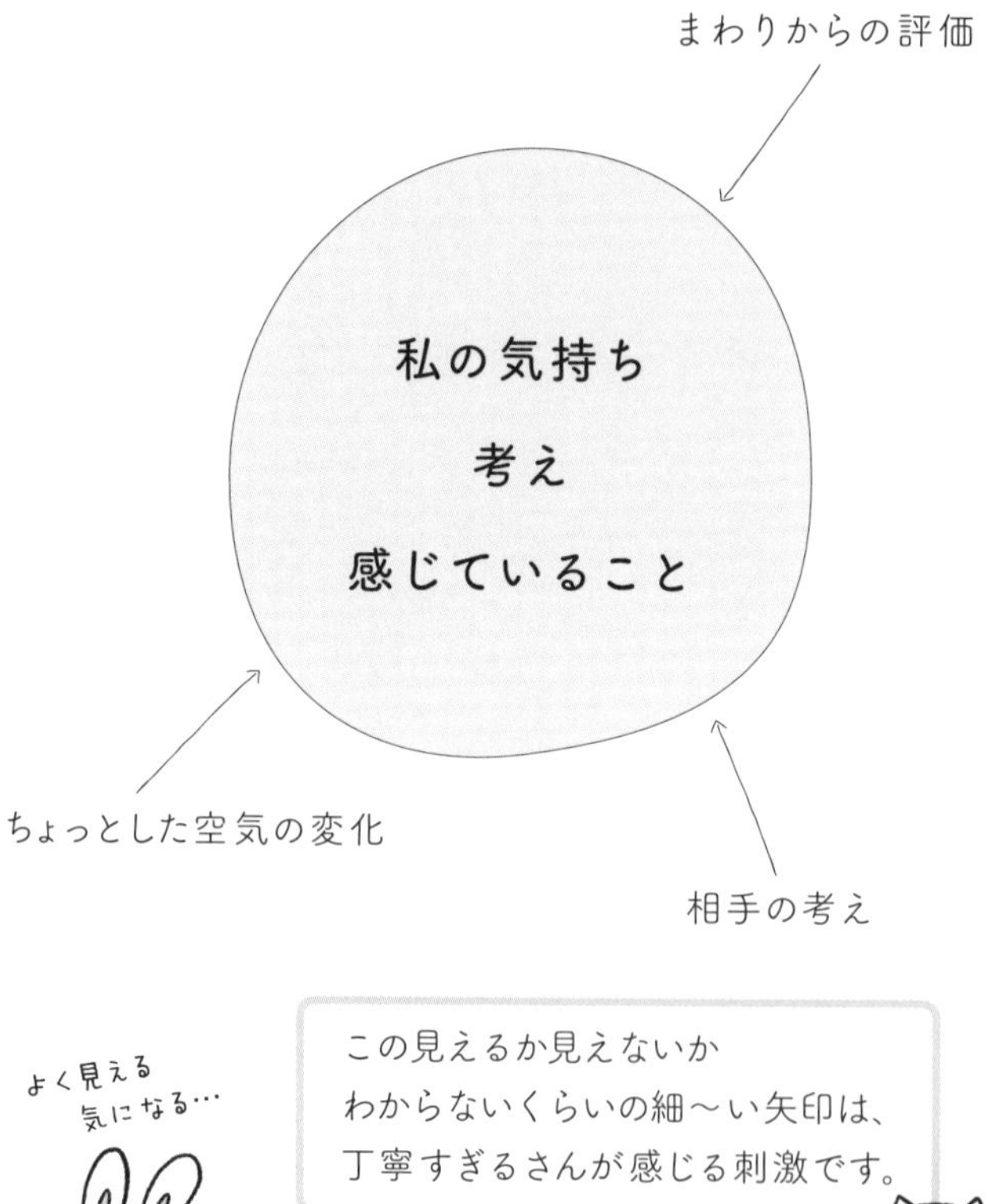

まわりからの評価

私の気持ち

考え

感じていること

ちょっとした空気の変化

相手の考え

この見えるか見えないか
わからないくらいの細〜い矢印は、
丁寧すぎるさんが感じる刺激です。

よく見える
気になる…

見えない人には
見えません

この、小さな小さな刺激というのは、相手の行動や態度、言葉だけでなく、たとえばニオイや音もその一つです。

梅雨の時期、電車に乗り込んだ瞬間に鼻につく、いろいろな何かが入り混じった独特のニオイなどもそうですが、シャンプーや柔軟剤など、いいニオイであるはずのものも、気になって仕方がないときがあります。

妄想がムクムクと

丁寧すぎるさんは、一度何かが気になると、**ネガティブな方向に妄想**してしまうようです。

たとえば、目の前の人の眉間にシワが寄ったとき、じゃない君なら「何か気に入らなかったんだろうな～、ま、いっか」と、サッと流します。

しかし、丁寧すぎるさんは、「もしかして、私の作った資料に不備があったかも。発言のタイミングが悪かったのかもしれない。この場で言うべきではなかったかも。

相手は『事前に相談してくれよ』と思っていたのかもしれない。気分を害したのかもしれない……」と、悪いほうへばかり妄想しがちです。

こういった妄想がムクムクと膨らんでいくと、もともと心の陣地を占めていた「私の気持ち、考え、感じていること」をグイグイと端へ追いやり、やがてはそれらよりも大きくなっていきます。

目の前の人のアクションに気をとられて、自分の気持ちや考えの優先順位が低くなるというわけです。

これが、丁寧すぎるさんの心のつくりです。

「心の陣地」で起きていること

「丁寧すぎるさん」と「じゃない君」の違いをもう少し見ていきましょう。

左のページに、心の陣地が2つありますよね。左側が丁寧すぎるさん、右側がじゃない君の心の陣地を表しています。

注目してほしいのは、これら2つの心の陣地の輪郭部分です。

相手の反応に過敏になる

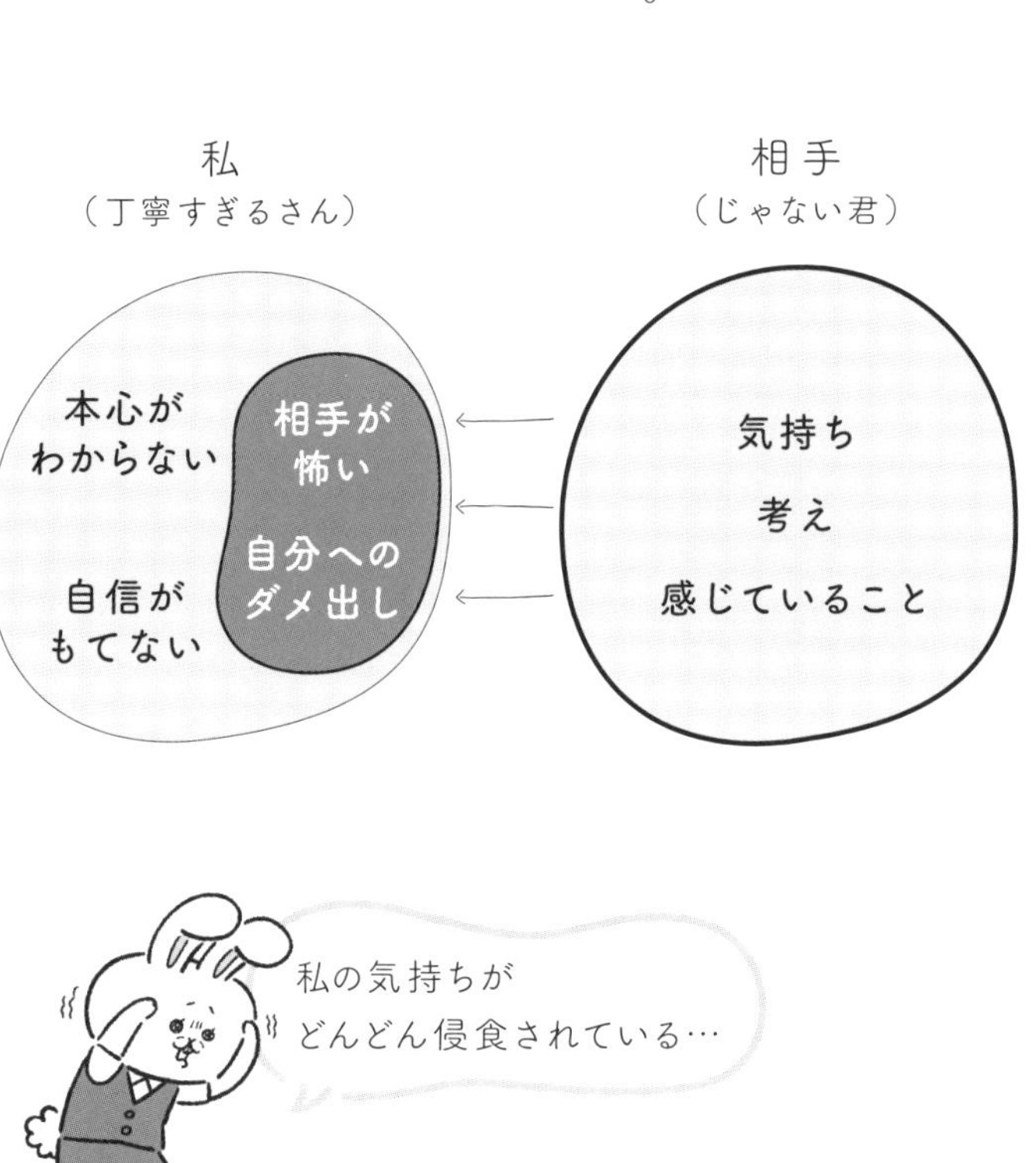

丁寧すぎるさんの心の陣地は薄く細い線、じゃない君の心の陣地は濃くて太いしっかりとした線であることがわかると思います。

つまり、**丁寧すぎるさんの心の陣地は、境界線が曖昧**です。境界線がはっきりしているじゃない君が、普通にとっている態度や放った言葉が、細い矢印となって、丁寧すぎるさんの心の陣地に入り込んできます。

じゃない君に悪気はないのです。だからこそ、丁寧すぎるさんのリアクションに気づき、「なんでそんなに反応しているのかな」と不思議に思うのですね。

丁寧すぎるさんたちは、大人になるまでの間に、親や、先生、友人などから、「そこまで驚くこと?」「さっきのそんなに怖かった?」と、アクションの大きさをからかわれたり、わざとらしいと指摘されたり、気にしすぎだと言われたりしてきました。

その結果、自分の素の反応は、大多数の人にとってあまり好ましくないもの、と思い、自分の立ちふるまいを細かく気にするようになります。

まわりからの刺激を感じるたびに、大げさに反応していないか? と自分の反応を監視し、「ダメだよ、そんな大げさに反応しちゃ」と、**自分で自分にダメ出しするよ**

うになっていくのです。

まわりから不快だと思われないように、自分のふるまいをコントロールしようとすることが、他人を優先し、がんばりすぎる自分をつくり上げていきます。

すべては「穏やかであってほしい」という願い

自分にダメ出しすることはエネルギーを消耗するので、**「穏やかでありたい」と願う気持ちが大きくなっていきます。**

「今日が何事もなく終わってほしい」
「この一時間、何事もなく過ぎ去ってほしい」

このように、「まわりに異変が起こっていないか」ということに、神経をピリピリさせるようになります。

そして、自分が穏やかでありたい、だから**自分のまわりが穏やかであってほしい、**と思うようになり、そちらに気力を割くようになっていくため、**自分が本当にやりた**

かったことに対して使うはずだった体力や気力がなくなっていくのです。

たとえば、「今日はこの仕事を、こういうふうにやりたい」と言うつもりでいたのに、目の前に「不機嫌そうに見える上司」が現れると、まずはその機嫌をとろうと心を尽くします。

そのような対応を続け、心を消耗していくうちに、判断力が鈍ります。目の前で起きていることに振り回されるからです。

そして、自分の気持ちが後回しになり、自分のことがわからなくなっていきます。がんばりすぎてしまう丁寧すぎるさんたちが、自分の気持ちを見失い、自信が失われていくのには、こうした経緯が考えられます。

自分の気持ちを見失う「丁寧すぎる」対応とは

じゃない君をはじめとしたまわりの人が、丁寧すぎるさんの気遣いに気づかないのには、心の陣地の違いに加え、もう一つ理由があります。

それは、丁寧すぎるさんが、笑顔をつくろうことまでがんばるからです。

丁寧すぎるさんは、がんばりを悟られないよう、そして相手に丁寧に接することを心がけるあまり、笑顔をつくろいます。

その、どこか不自然な笑顔の裏側で、丁寧すぎるさんは本心がわからなくなっています。

しかし、じゃない君たちは、笑顔の不自然さには気づきません。

たとえば、不機嫌そうな人がもっと不機嫌にならないようにと、仕事を手伝うのはよくあることです。しかし、丁寧すぎるさんの笑顔のおかげで平和に時が流れるため、穏やかであることを望む丁寧すぎるさんは、「なぜ自分がそんなことをしているのか」と振り返ることをしなくなります。

だから次第にわけがわからなくなるのです。

笑顔と気疲れのギャップに苦しんでいる方々とお話しするとき、私がよくする質問

があります。それが、

「その仕事って、あなたがするべき仕事ですか？」

です。

すると、「たしかに、私の仕事じゃないですね……」と気づく人が多いのです。

一歩引いて考えてみれば、すぐわかることのように思います。

でも、誰かに声をかけてもらうまでそれに気づくことができない。そのくらい、本心が見えなくなっているのです。

「自分の気持ち」のために、どれだけ気力を使えていますか？

「100でない」のは「0」と同じ

「完璧主義」や「役に立ちたい」気持ちが強すぎると、〝丁寧すぎ〟をやめるのが難しくなります。

「完璧主義」は、細かいところがとにかく気になります。資料を作っているとき、行頭のズレなんかも完璧に揃えたくなります。

注目すべきは、行頭のズレを直すことを**やりたくないわけではない**という点です。**基本的には「やりたくてやっている」**のです。

完璧主義の性分として、疲れていようが、熱があろうが、**やり抜かないほうが落ち着かない**からです。

このような考えが、どんなことも自分でやるべき、誰かに相談するべきではない、

なんでいつも、こんなに気を張っているの？

と自分を追い込むことにつながります。

丁寧すぎるさんは、このように思い込みが強いところもあるかもしれません。「やるなら最後まで」「自分がやりはじめたことは一人でやり抜く」――つまり、0か100か、白か黒か、といったいわゆる「白黒思考」ですね。

絶対に全部やる、100%やる、というのが〝丁寧すぎ〟といわれる部分なのです。

丁寧すぎるさんのこのような特徴は、実は恋愛にも見られます。

気持ちのアップダウンが激しく、好きな人ができると一気にヒートアップ。両想いとなれば相手にすっかり心を開きますが、二人の間に温度差が生まれると、それにショックを受け、あっという間に心を閉ざし、すべてをシャットアウトすることも。

また、好きになったばかりのときは、「どんな彼・彼女でも好き」と盲目状態。でも、ふと「この人の食べ方、汚いな」と気づくと、そこにばかり目がいきます。

自分が理想としていた恋人像とは違うと決めつけ、冷めてしまうのです。

恋人の一挙手一投足に振り回されて、一喜一憂してしまうのが、完璧主義な丁寧すぎるさんの悩みどころ。

しかし、真面目ですから、すぐにお別れはせず、お付き合いは続けるところも、丁寧すぎな性格ゆえ。

完璧主義が恋愛に及ぼす影響は、ちょっと複雑なのです。

また、「人の役に立ちたい」ため、困り事に対して常にアンテナを張っています。

だから、**まわりの人の困り事にすぐ気がつき**、「よく気がつく、頼もしい人」というイメージをもたれるようになります。

それゆえに、「君にしか任せられない。頼むよ」なんて言われると、**相手をがっかりさせたくなくて断れない**。そして引き受けたからには100%やらないと落ち着かないため、これが**相手に対する〝丁寧すぎる〟対応**と言われます。

時に、この、**断れずにがんばりすぎてしまう性格を利用される**、なんてことも起きます。

でもやっぱり、丁寧すぎるさんにとって、頼まれたことを断るというのは、相手に迷惑がかかるように感じるため、とにかくがんばる、ますますがんばる。そんなサイクルに突入してしまうのです。

丁寧すぎるさんなりの「正義」がある

もう一つ、丁寧すぎをやめられない理由があります。

それが、**「正義感の強さ」**です。

物事を完璧に仕上げたい。できるだけ人の役に立ちたい。これらは、丁寧すぎるさんの「正義」になっています。自分の意思でそうしているのだ、というプライドでもあるのです。

誰かに「もっと努力してほしい」と言われて行動しているのではない。自分の価値観として、完璧な仕事、人の役に立つことを行っているのだ、という正義感が強いのが、丁寧すぎるさんであり、がんばりすぎ屋さん。

自分で言い出して行動しているので、一度手を動かしはじめたら、後に引けないのです。

こうやって丁寧すぎるさんは、手を抜くことや、「がんばる」をやめることができなくなっていくのです。

あなたにも、当てはまるところがあるのではないでしょうか。

やりきらないと落ち着けないから「やめられない」

よく気がつくのは「生まれつき」

がんばりすぎるメカニズムには、「気質」が関係している場合があります。

気質とは、「生まれつきの個性」を指します。

たとえば、瞳の色は生まれつきのものですよね。同じように、性格や個性にも、生まれつきの特徴があります。

・わずかな音にもビクッとしやすい。

・物の位置がずれていることにすぐ気がつく。

こういった「気がつきやすさ」が、生まれつきの特徴である場合がある、ということです。

生まれつき「気がつきやすい」という人は、いろいろと気がつくゆえに、他人の表情から、その人がどんな気持ちか、あれこれ想像をめぐらしやすい性格に育つことがあります。

他人の顔色をうかがってしまうという性格は、生まれつきの気質によりそうなることもあれば、幼い頃、安心感をあまり得られずに成長したことが関係する場合もあります。

ここでは前者の、生まれつき気がつきやすい気質についてお伝えします。

というのも、「生まれつき」となると、努力によってその「気がつきやすさ」を直したり、克服したりすることは極めて難しいからです。

では、どうするかというと、自分にはそういった特徴があるのだ、と理解したうえで、気がつきやすさと上手に付き合っていく方法を身につけていくことです。それが、がんばりすぎや丁寧すぎ、つまり、「ちゃんとやらなきゃ」の呪いから抜け出す大きなきっかけになります。

「繊細さ」は「弱々しさ」だけじゃない

少し専門的な言葉を用いて説明しますね。

些細なことに気がつきやすく、大きく反応する様(さま)は、心理学的にいうと「感受性が強い」という、生まれもった特性から起きるものといえる場合があります。

この感受性が強い気質は、「ＨＳＰ」（Highly Sensitive Person）と呼ばれます。

近年の心理学研究では、**人口の約３割の人が感受性の強いグループに分類**され、中程度の人が約４割、弱い人が３割というデータもあります。

人口の約３割となると、マイノリティと呼ぶには多いですが、決して大多数というわけでもありません。だから、「自分はまわりと違うのでは？」「自分がまわりに合っていないかも……」と感じる人も多いのです。

「自分はＨＳＰではないか」、と思うきっかけは、自分はまわりと違う、という生きづらさを感じたときが多いようです。

たとえば、楽しく遊んだ翌日に、ぐったりしてしまう。一度でも大声で注意を受けると、「この仕事は、自分に合っていないのでは……」と気になって仕方がなくなる。まわりの人はすぐに決断している事柄について、自分だけいつまでも考え込んでしまう。そういったきっかけで、ＨＳＰという言葉にたどり着いたという声をよく聞くのです。

ＨＳＰに対して、生きづらさや弱さをイメージする人が多いのですが、完璧主義であることや、正義感にかられてがんばりすぎてしまうのも、ＨＳＰにありがちな一つの側面です。

ＨＳＰには、４つの気質的な特徴（ＤＯＥＳ）があります。

①処理の深さ——Depth of processing
②神経の高ぶりやすさ——Overstimulation
③感情反応や共感力が強い——Empathy and emotional responsiveness
④些細なことを察知し、察知した変化から影響を受けやすい
——Sensitivity to subtleties

これらの特徴の多くに当てはまる場合は、あなたは、がんばりすぎや完璧主義な性格があるとともに、ＨＳＰでもある、といえるかもしれません。

自分の特性がわかるということは、自分を生きやすくする方法に一歩近づいたということです。

次章からは、私たち丁寧すぎるさんの特性をふまえたうえで、ほどよく力を抜くための方法を、いよいよお話ししていきたいと思います。

よく気がつき、そのたびに「ちゃんと」修正したい

2章まとめ

丁寧すぎるさんは**「よく気がつく」**人

完璧でなくちゃ…

「資料の小さなズレが気になる、直したい」…etc.

役に立ちたい…

「まわりの変化に先回りして対処」…etc.

この気持ちの奥には…

小さな出来事で心がざわつくので、

「平穏でいたい」

「マイナスはゼロの状態に戻したい」

と願う気持ち。

↓

だから、「足りない自分」はないか心配

「がんばりすぎる」ことで安心もできる

「無理したらできること」は「無理なこと」

――自分のキャパを「マネジメント」する方法

「がんばる」＝褒め言葉？

がんばるのはいいこと
よくがんばりました
がんばりすぎは世界共通
多くの人が
そう思ったまま大人になり…
実は、こんなに多くの人が燃え尽き症候群です
燃え尽き症候群
48%
自分だけじゃない…
がんばりすぎは持病のようなもの
腰痛持ちで…
がんばりすぎ持ちで…
無理に直そうとせずうまく付き合っていく方法を考えましょう

丁寧すぎるさんの心のつくりを理解できたら、次は、私たちが暮らす社会と、がんばりすぎについて見ていきたいと思います。

「がんばりすぎ」が、生まれつきのものだとすると、そのような個性をもつ人は、この社会でどのようにバランスをとっていけばいいのでしょうか。

そもそも、**「がんばる」という言葉は、一般的に「褒め言葉」として使われます。**

小学生の頃、「よくがんばりました」という文字が入った桜の形のシールを、テストや宿題のご褒美としてもらったことはありませんか？

がんばることは、すごいことだし、美徳だと思われています。忍耐強さがあるとか、集中力が高いとか、いろいろな「いいこと」と紐付けられている感じがします。

「がんばることはいいこと」、そんなふうにみんな刷り込まれているようです。

日本人もそうなのですが、韓国やシンガポール、それから意外に思うかもしれませんがアメリカも、「がんばることはいいこと」がまかり通るお国柄です。

アメリカは自由な国、なんて言いますが、実際のところはガチガチの縦社会。がんばりすぎる人ももちろんいて、その中ではとても厳しいがんばり合戦が繰り広げられています。努力しないと上に這い上がっていけない世界なのです。

「燃え尽き症候群」という言葉を聞いたことがあると思います。

実はこれ、アメリカで生まれた概念です。1970年代アメリカの精神科医ハーバート・フロイデンバーガーが提唱しました。

燃え尽き症候群とは、それまでやる気に満ちあふれていた人が、突然燃え尽きたように熱意や意欲を失ってしまう状態のこと。

日本を含む8か国、1万1千人を対象にアメリカが行った調査では、**労働者の48%が燃え尽き症候群に悩んでいる**と答えたそうです。

さらにオランダの研究では、HSPの人はそうでない人と比べると、燃え尽き症候群になる確率が約58%高いという発表があります。

がんばりすぎから抜け出せない社会的背景には「がんばる=褒められる」といった社会通念が関係している部分もあるのではないでしょうか。

社会通念を変えることは無理です。では、どうしたらいいかというと、「がんばる」という言葉を自分がどうとらえるか、を少しだけ変えることです。これならできると思いませんか？

その「できる」はスキル or キャパ？

丁寧すぎるさんは、**「ちょっとがんばればできる」**と思いがちです。

でも、「ちょっとがんばる」ということは、「少し無理をする」という意味ではないでしょうか。

限界に近いところで、あと少しの力を出して乗り切ろうとしている。そういう状態のはずです。

ぜひ、思い出していただきたいことがあります。**「無理をしてやれること」とは、「本来の限界をすでに通り越していること」**なのです。

「無理をすればできること」ではなくて、**「無理をしないとできないこと」**です。

丁寧すぎるさんに共通する口ぐせは**「できます」**です。

その「できます」には、どんなニュアンスが含まれていたか、思い出してみてください。おそらく、「スキル的にできます」という意味ではないでしょうか。

それも間違いではありません。あなたには、そのスキルがある。それは、あなたもまわりも認識していることでしょう。

でも、**「キャパ」を無視していませんか？**

スキルはあっても、それをやる「時間」や「余裕」は十分にありますか？

丁寧すぎるさんは、**自分のキャパを考えず、スキル的にできることはすべて「できます」と答えてしまいがち**です。

そう答えてしまうのは、ある意味、仕方がないことなのです。

なぜなら、私たちが通った学校では、「計算ができる」「漢字が読める」といったスキルについての教育が行われてきたから。

「掛け算ができますか」と聞かれるのは、「掛け算ができるスキルがありますか」という意味です。すでに学んだのであれば「できます」と答え、学んでいなければ「できません」と答えるのが普通です。

就職活動でも同じような場面があります。

面接で「どんなスキルを身につけてきましたか」とは聞かれます。しかし、「あなたのキャパはどれくらいですか」とは聞かれません。

学校や社会で**「スキルさえあれば、できると答える」という習慣**が身についているのです。

社会人になるとき、**「スキルだけでなく、キャパも考慮に入れないといけない」**とは、誰も教えてくれません。

とても大事なことなのに、はっきりと教わる機会がないのは不思議です。

まるでキャパなんか考えず、スキルさえあれば、仕事をこなし続けることが当たり前かのように、社会人は過ごしています。

あなたのキャパを決められるのはあなただけ

ついがんばりすぎてしまう丁寧すぎるさんが、常に意識すべきこと、それは、**あな**

たのキャパは、あなたにしかわからない、ということです。

たいていの上司は、あなたのキャパを無視してどんどん仕事を振ってきます。

上司が「これをやってね」と言うとき、あなたが「無理です」と言わない限りは、あなたのキャパがいっぱいだと気づいてはくれません。

仕事においてスキルを身につけることは大切です。でも、それと同じくらい、自分のキャパを意識し、仕事の量を調整して、受ける仕事をキャパ内に収めることも大切なのです。

あなたは、自分のキャパをこえてまで、仕事を引き受けてはいないでしょうか？

スキルとは、自分からも他人からも、「できるかどうか」を判断しやすく、評価をしやすい・得やすいのです。

一方で、キャパというのは、自分にしかわかりません。

丁寧すぎるさんが無理して仕事を引き受けていたとしても、まわりには、「あの人は、これだけの量をこなせるんだ」と見えるだけです。

体力も気力も削りながら、見えない努力や苦労を重ねてがんばっているということは、相手に伝えない限り、わかってもらえないのです。

“がんばるべきは「キャパのマネジメント」”

キャパの難しいところは、正解がないところです。

たとえば、**体調が万全でなければ、キャパは減ります**。たっぷり睡眠をとって、元気ハツラツ状態のときと、高熱を出してふらふら状態のときとで、パフォーマンスに差が出るのは当然です。

また、仕事以外の、たとえば家庭の事情のほうに時間をとられたら、やはり仕事のキャパは減りますよね。子どもが風邪で学校を休むのでついていなければならない、となれば物理的に仕事ができなくなりますから、キャパはゼロです。そういうときもあります。

他にも、プライベートで落ち込むことがあって、精神的に消耗していれば、仕事に割ける気力も目減りするでしょう。

いろんな事情はあれど、まわりがそれを察するには限界がありますよね。
つまり、**あなたのキャパを決められるのは、あなただけ**なのです。
「これが私のキャパです」、と自分で決めていいのです。
それが、キャパをマネジメントする第一歩です。

では、「キャパのマネジメント」とは、具体的にはどうすればいいのでしょうか？
そのポイントとなるのが「**心のしわけ**」と「**NOを伝える**」です。
次項から、この2つのテクニックについて、一緒に学んでいきましょう。

「無理すればできる」ことは、本来「できない」こと

「心のしわけ」で自分の気持ちを見つける

丁寧すぎるさんは、ネガティブなことで頭がいっぱいになりがち。中でも完璧主義な人は、悩むだけの時間を過ごしていることが多いです。

意外に思うでしょうか？　それとも思い当たるところがあるでしょうか？

悩むだけというのは、一見するともったいない時間の使い方です。しかし、完璧主義の人は、悩む時間がもったいないとは思っていません。

むしろ、仕事について頭の中で試行錯誤したり、作業パターンを複数用意して考察したりする時間であるため、悩む時間を減らすとパフォーマンスが落ちると考えています。

「自分がいい仕事をするためにじっくり考えているんだ」、そんなふうに思っているから、**悩まずに仕事をするというイメージがもてない**のです。

傍から見たらひどく思い悩んでいるだけに見えても、本人はあくまで前向きなこととして考えています。

完璧主義な人の場合、頭をフル回転して考えているので、本人はとても忙しく感じます。

たとえば、やるべき一つの作業に対して、5パターンくらいのやり方を思いつき、それについてああでもない、こうでもないとずっと考えているのです。これでは、脳は忙しいです。

しかし考えている間、手は止まっています。仕事は進んでいません。

それは、頭の中で「考えているだけ」だからです。これは他人から見たら、何もしていないのと同じです。完璧主義な人は、この時間が長い傾向があります。

そんな調子で過ごしていると、まわりから「考えすぎ」と何度か指摘されます。こうして完璧主義の人は、「私がやっていることは、世の中では、考えすぎと言われることなのか」と気にしはじめるのです。

また、完璧を目指してがんばっていても、パフォーマンスが落ちるということが起きてきます。

完璧主義の人には、それがなぜかはわかりません。焦りが募るばかりで、頭も心も混乱してしまいます。それでも「がんばろう」という意思は変わらないのです。

そうしてできあがるのが、「うまくいかない原因はわからないけど、このままがんばろう」という、変な状態です。

何をすればいいのかわからないまま、**とりあえず「がんばる」ことだけは続けよう**としてしまいます。がんばってもよくはならないのに、です。

そんな状態が、体にも、心にも、いいわけがありません。「心のしわけ」はそんな状況から脱却するための手段なんです。

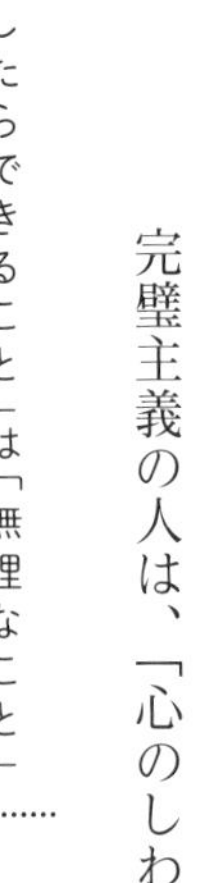

「心をしわける」って何？

完璧主義の人は、「心のしわけ」術を身につけることで、**本当にがんばるべきこと**

の優先順位をつけられるようになります。

では、「心をしわける」とは、どういうことなのでしょうか？

ここで、2章で登場した「心の陣地」に、再登場してもらいましょう。

「よくわからないけど、がんばらなきゃ」と、わけがわからなくなっている状態というのは、やらなくてはならないことがあるのだけれど、あちこちからさまざまな刺激を受けてしまって、「もう頭の中はごちゃごちゃ……」となっている状態のこと。

心の陣地（自分の気持ちや考え方）が、外からの些細な刺激を受けてできた傷や、そこから生まれた後ろ向きな気持ちなどに邪魔されています。

そこで、邪魔なものは、切り離してしまいましょう。

目の前で起きていることに対処しなければと焦る気持ち。目の前のことで、いっぱいいっぱいになっている状況。自分以外のまわりの人の様子……。

そういった「心の陣地に最初からあったもの」以外のものを、一つひとつ、取り除くのです。

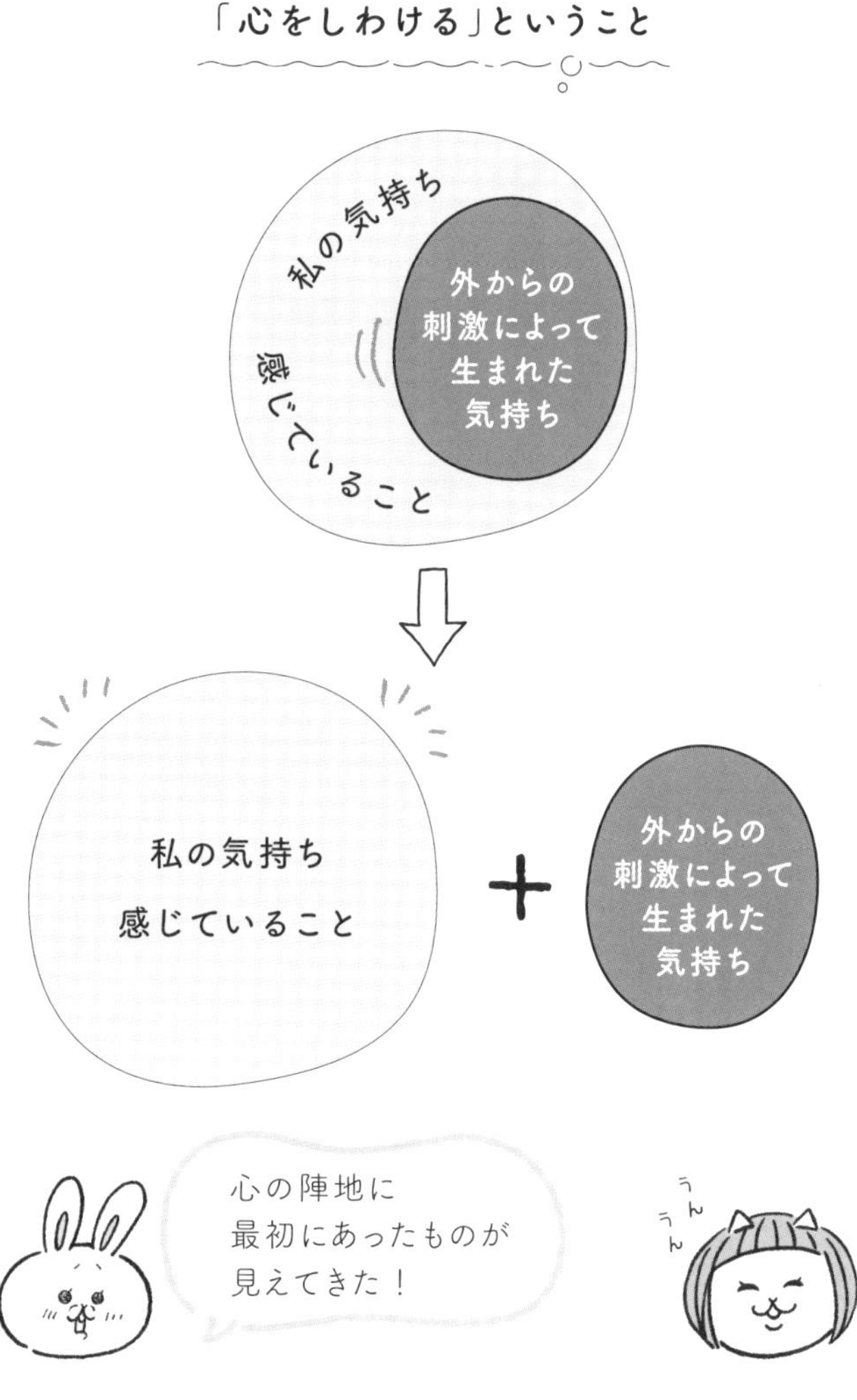
「心をしわける」ということ
私の気持ち
感じていること
外からの
刺激によって
生まれた
気持ち
私の気持ち
感じていること
外からの
刺激によって
生まれた
気持ち
心の陣地に
最初にあったものが
見えてきた！
うん
うん

これを私は「**心のしわけ**」と呼んでいます。

丁寧すぎるさんは、まわりの人が慌てていたら、なぜかつられて自分も同じように慌ててしまいます。

まわりの人が慌てている原因は、自分が解決すべき問題ではないはずなのに、**自分がつられて慌てる状況を避けたいと思うあまり、「手助けしなきゃ」と思います**。誰にも頼まれていないのに、勝手にやりたくなるのです。

そして実際に手助けしてしまい、自分にかかる負担がますます大きくなります。

このようなときに、心をしわけるのです。つまり、

「これは、私の問題ではないみたい」

「これは、あの人が対処することだよね」

と、本来は誰の問題なのかを整理するのです。

まわりの人が慌てているという事実と、その様子に動揺している自分の気持ちを切り離すことで、落ち着きを取り戻す。**本来の自分を優先して、その他を分ける**。これが、「心のしわけ」です。

優先順位がつくだけで、心は落ち着く

「心のしわけ」ができるようになると、悩む時間が減り、頭や心をスムーズに整理できるようになります。

別の言い方をすると、考えすぎて行き詰まる時間が減ります。

完璧主義の丁寧すぎるさんは、とにかく悩み、考えるというお話をしましたね。本人は無駄とは思っていないし、実際、すべてが無駄というわけでもない。しかし、私たち人間には、もてるエネルギーやキャパの限界があります。費やせる時間とエネルギーは、限られているのです。

「心のしわけ」ができるようになると、いろいろなことが気になるのは変わりませんが、**自分が本当にやらなければいけないことや優先順位がわかるようになり**、頭の中がグルグルしなくなります。

結果も自然についてくるので、自分の努力を素直に認めることができる。
「私だってやれるじゃん」と思える。
自分はできると、自信をもつことができる。
自分を取り囲む環境も、自分の心も、ハッピーになっていくのです。

心をしわけることが、丁寧すぎるさんの力を抜く一つの有効な手段だということが、なんとなく理解いただけたでしょうか。

理屈がわかったところで、次項からは、「心のしわけ」に特に有効な物理面・心理面それぞれの具体的アプローチを見ていきたいと思います。

心がけ① 「心のしわけ」で〝全部〟でなく〝自分〟に意識を向ける

物理的な境界がもたらす効果

モノを使って、相手と自分とを、目に見える形で区別することが、心の中でも、相手のことと、自分のこととを分けて考えることにつながります。

境界①スペースを明確化――付箋で境界大作戦

これは、あなたの仕事環境を整えるのに有効な「しわけ」です。

職場では一般的に、自分のデスクが決められていたり、さらにパーテーションで区切られていたりすることが多いと思います。

しかし、パーテーションがあっても、向こうにいる相手がなんとなく見える、たまに目が合う……そんなことありませんか？

実は丁寧すぎるさんは、これが苦手。相手と視線が交錯するのが気になり、ストレスになります。

こういうとき、**相手の視線を感じるところに、付箋を貼る**のがおすすめです。

何も書いていない付箋を貼っただけだと不自然なので、タスクや標語を書いておきましょう。「〇〇社資料　今日中」とか、「残業しない」とか、「今日も元気よく」などです。

ついでに、視線が気になる部分以外にも、同じような付箋をペタペタ貼るのです。目隠し目的の付箋だけが目立たないように、カモフラージュします。名付けて、「付箋で境界大作戦」です。

視線が合うドキドキを軽減し、たくさんの付箋のおかげですごく仕事をしているようにも見えるという、ダブルの効果がありますよ！

好きなキャラクターのステッカーを貼っておくのもおすすめ。「これがあるとがんばれるんです」など、上手に言い訳ができるようなものであれば、気楽に貼れそうですよね。

最近は、その日どの席で仕事をするかを自由に選べる、フリーアドレス制を採用している職場も増えています。

実は丁寧すぎるさんにとって、環境が変わることは大きなストレスになりやすいのです。毎日自分の隣や前に誰が座るかわからなくて落ち着かず、常に緊張状態でいなければならないからです。

そういうときは、たとえばスマホや本、書類などを相手との間に置くことで、壁の代わりになってもらいます。

「ここまでが私のテリトリー」と、自分で決めるための手段です。

スペースがないときは、鉛筆でこっそりと、相手との間に数ミリの線をピッと引いておきましょう。これもまた「私のテリトリー」の目印。

相手にはわからなくてもいいんです。自分が「ここがテリトリー」とわかっていることが大切だからです。

指標がないと、たとえば相手の腕が自分に迫ってきても、「あ、どうぞどうぞ」と妥協して自分のテリトリーを譲り、狭めてしまうのが、人と揉めたくない丁寧すぎるさんです。モノや線で物理的に境界をつくることで、それを防ぐのです。

物理的な境界線があることで、「これくらいのスペースはほしい」という具体的な指標ができます。そうすれば、相手が迫ってきても、「いや、ここまでは私に使わせてもらえますか?」と主張しやすくなりませんか。

相手がいないときを見計らって、相手側からずれ込んできた荷物や道具を、こっそり自分のテリトリー外に押し返しておくこともできます。

境界②「好き」を持ち歩く――マイツールで安心感

たとえば、看護師さんやショップの販売員さんなど、座席に固定されずに立って動く仕事をしている方々は、自分のテリトリーを決めるのは難しいでしょう。

そんな人は、**自分が心地いいと思うもの、肌触りが好きなもの、単純に好きなものなどを身近に持っておき、普段からそれに見たり触れたりしましょう。**そうすると、「自分」という感覚を取り戻しやすくなります。

「他人」にではなく、「自分の〝好き〟」に目が向くよう工夫することがポイントです。

マイツールの選び方のポイントは、いつも自分のそばに置いておけるもの。普段使いできるものや、身に着けられるものがいいですね。

手軽なのはペンやハンカチ。これらは、他の人も普通に身に着けているものです。

何も、特別なグッズである必要はないのです。誰でも持ち歩いているものは、むしろ目立たないというメリットもあります。

まわりの人からしてみたら、「推しグッズなんだ」「それがお気に入りなのね」と思うだけ。でも、丁寧すぎるさんにとっては、それ以上の意味があって、まわりに向かいがちな意識を自分に戻すことができる――そんな安心感を与えてくれる。ひそやかに実行でき、とても効果のある、物理的な心のしわけです。

では、物理的しわけの応用編もご紹介しておきましょう。

境界③時間を区切る――「通知はOFF」宣言

スマホやチャットの通知が鳴り止まなくて疲れてしまう、という相談も頻繁にお受けします。

丁寧すぎるさんたちは真面目ですから、「通知がきたらすぐ返信しなくちゃ」と、ここでもがんばりすぎてしまうのです。

ですから特に、**通知音は、可能な限りOFFにしておく**ことをおすすめします。

通知設定を変更するのは、さほど難しいことではありません。

実際に、スマホや社内チャットの通知をＯＦＦにしたら、予想以上に心がラクになった、という声を多数いただきました。

通知ＯＦＦに慣れてきたら、スマホの電源を切るのもおすすめです。

電源が入っていると、ついついスマホの画面を見てしまうもの。これではいつまでたっても神経を使ってしまい、心が休まりません。

朝の目覚ましにスマホのアラームを使っている場合も、シンプルな目覚まし時計を使うようにすると、脳や体を休めることに集中しやすくなります。

メッセージの通知やスマホの電源をＯＦＦにする方法は、モノやまわりの人と上手に距離をとる練習になります。ぜひ試してみてくださいね。

物理的な心のしわけ▼モノを使って自分と相手の間にスペースをつくる

「心を見える化」する質問

気持ちをいったん全部引き出してみよう
よっ
ほっ
たくさんの気持ちがある…
これをしわけるなんて果てしない
この気持ちそう思っているのは誰？
入れてみ
わたし
ほかのひと
あれ？ほとんど相手の気持ちだ
じゃあ次！相手は「大変」と言っている？
わたし
ほかのひと
心をしわけると気持ちが軽くなる
意外と平和かもー
だよだよー
お外きもちいいね
場所を変えてさらに心をリフレッシュ

心は目に見えません。見えないものを見えないまま整理しようとすると、難しく感じるものです。

がんばりすぎて、自分の気持ちがわからなくなったときは、気持ちを見える形にすることをおすすめします。

方法としては、やはり**「書き出す」**ことです。ノートに手書きしてもいいし、スマホのメモアプリに打ち込むのもOK。ちゃんとした文章で書き出す必要はありません。単語を並べるだけでも十分。思い浮かぶまま、書き出しましょう。

絵が得意な人は、イラストで表現してもOKです。この場合も、上手に描く必要はありません。抽象画のように、はっきりした形にならないアートを描くことでも十分です。

書き出す作業は、ぐちゃぐちゃになったタンスの引き出しの中身を、いったん全部出すことと同じです。

タンスのような収納棚を整理するときは、何も考えずに中身を出しますよね。わからなくなった気持ちを整理するときも、同じだと思ってください。

心の中身を出したら、整理のために質問を活用します。

ここでは、状況を客観的にとらえ直せるような質問を使います。ぜひ覚えていただきたい質問を2つ、ご紹介しますね。

質問①「そう思っているのは、誰？」

この質問は**「相手の気持ちと自分の気持ちを区別する」**ためのものです。

たとえば、職場の繁忙期に、いつも以上にがんばってしまい気疲れしたときに、この質問を自分に投げかけてみましょう。

「みんな大変だから、私もがんばらなきゃ」と、がんばりすぎる私たちは思います。そんな気持ちに気がついたら、**「そう思っているのは、誰？」**と、自分に聞いてみるのです。

「『大変』と思っているのは、誰？」

「『みんな』というのは、誰？」

と、自問自答してみてください。

心の中で思い浮かべるだけでもいいし、書き出してみてもいいですよ。

「本当に大変なのは、同僚の田中さん」

という答えが出たら、「つまり、私が大変なわけではない」ですよね。

あなたは、田中さんが大変そうにしている様子を、まるで自分が大変であるかのように受け取っていただけなのです。

この質問を続けていくと、**自分が人のことを心配して、やきもきしている**ことに気づくようになります。その気づきこそ、相手の気持ちと自分の気持ちを区別して、しわけるということなのです。

質問②「相手は『大変』と言っている？」

たとえば、同僚がため息をついたのを見て、「あの人、大変そう……」と気になって仕方がないとき、ありませんか？

自分まで気持ちが焦り、手助けしなきゃと機会をうかがったり、落ち着かなかったりして、だんだん疲れてきませんか。

でも、その人は本当に大変だと思っているのでしょうか？

「だって見るからに大変そうだもの」と、よく気がつくあなたは思うかもしれません。

でも、**その同僚が、「私は大変です」と言ったのでしょうか？**　あなたはその人に、「大変ですか？」と確認しましたか？

……きっと、していませんよね。

案外その同僚は、「この仕事、ちょっと面倒だな」と思った程度かもしれませんし、「お腹がすいたな」と思っただけかもしれません。

その同僚に事実を確認しないで「同僚は大変に違いない」と決め込むことは、あなたの思い込み、想像にすぎません。

思い込みは、ここでやめましょう。それ以上、心配したり、大変さを想像したりしても、何にもなりません。あなたの頭の中がグルグルするだけです。

あなたと他人とを切り離して、自分の気持ちに集中しましょう。心配しても、しなくても、何も変わらないことに気づくはずです。

その同僚はランチから戻ってきたら、鼻歌でも歌い出して午後の仕事に向かっているかもしれないですよ。

ご紹介した2つの質問を使っても、気持ちがすっきりしないことはあるでしょう。そんなときにおすすめするのが、動くこと。**立ち上がって、動くこと**です。

窓を開け、外の空気を吸い込みましょう。外に出る時間がなければ、お手洗いに立つだけでもいいです。

今いる場を離れて、移動することがいいのです。席を立つのも難しいなら、椅子から立ち上がって、伸びをするだけでも十分。気持ちが軽くなっていくのを感じましょう。同じ場所に、同じ姿勢で居続けると、同じ感情、同じ思考から抜け出すことができません。立ち上がる程度であっても、体の姿勢を変えるだけで、思考は意外にも簡単に切り替わります。

心理的な心のしわけ▼質問を使って自分と相手の気持ちを分ける

#「NOを伝える」という健全な守り

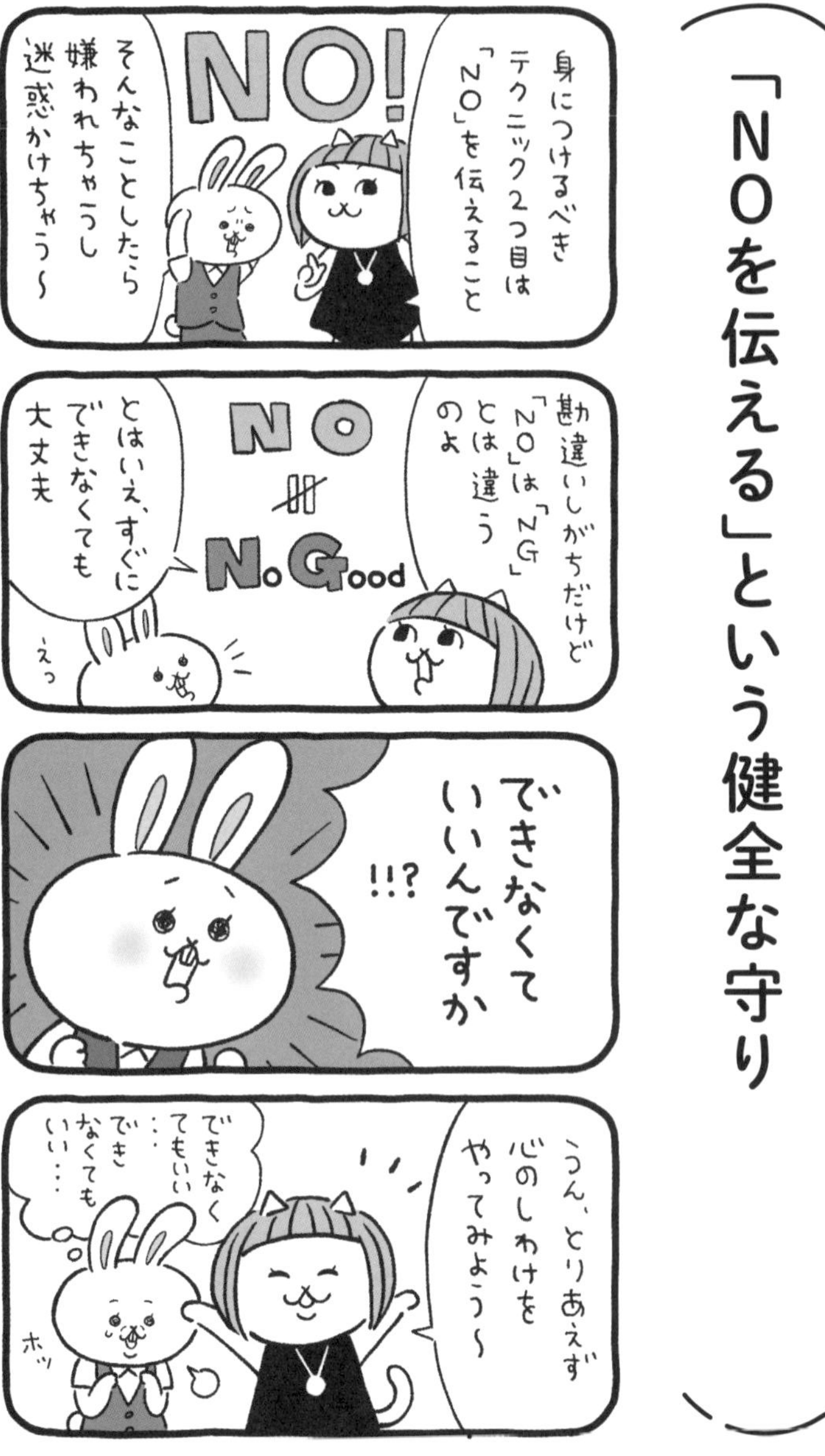

「心のしわけ」の他にもう一つ大切なのが、**「NOを伝える」**こと。

丁寧すぎるさんは、ほぼ全員といっていいほど、「NO」を言うのが苦手。「NO」や「断る」は、すごく抵抗感のあるフレーズなのです。

なぜなら、誰かの役に立ちたいと思っている丁寧すぎるさんにとって、「NO」は、誰かの役に立てる機会を自ら放棄するような感覚をともなうからです。

でも、安心してください。いきなり「NO」を言おうとしなくて大丈夫です。「NO」を言えるようになるには、心の準備が必要。その準備こそ、「心のしわけ」なのです。

「心のしわけ」ができるようになってくると、不思議なことに自然と「NO」が言えるようになりますよ。

まずは、「NO」を言えるようになることが大切である理由を、理解するところから始めましょう。

実は、できないことを「できない」と言うことは、キャパをマネジメントするために、とても必要なことです。今どんなに抵抗感があっても、「NO」を言わなければいけない場面は必ず訪れます。

とはいえ、やっぱり「NO」は言いにくいものですよね。「NO」と言いたくても言えずに困っている気持ちを、まわりに察してもらえたらどんなにいいか……。

ですが、こちらの「NO」を察してもらうというのはとても難しいことです。相手はあなたが自分の期待しているとおりに行動するものと思っているからです。

「NO」を言えなくてつらい思いをするのはあなたです。一人でがんばり、消耗して、燃え尽きる前に、「NO」を言えるようになりましょう。

がんばっても、がんばらなくてもいい

がんばりすぎる人は、自分に関わることについて優先順位をつけるのが苦手。

本当は、「こんながんばりすぎてしまう自分を誰かに止めてほしい」とも、心の奥底では思っているのです。でも、何をどう断ち切ったらいいのかわからない。

そんなときは、**「がんばっても、がんばらなくてもいい」という考え方**を取り入れ

てみてほしいのです。

がんばることは素晴らしいことですが、常にがんばりすぎる必要はありません。たとえ、がんばれない日があっても、そのままのあなたでいいのです。がんばりすぎないことも、自分を大切にする方法の一つです。

あなたが「がんばらなくてもいいんだ」と思えるようになると、断る勇気も湧いてくるかもしれません。そしてやがて、あなたが**がんばっても、がんばれずに断っても、まわりの人からのあなたへの信頼や感謝は、今までと変わらない**ということに気づくでしょう。

自分という「電池」を大切に使う

「NO」を伝えることに抵抗がある方々のために、別の見方をご紹介しますね。

自分のことを「電池」だと思ってみるのです。

がんばりすぎると、電池の残量がみるみると減りますよね。

がんばり続けている状態というのは、80%くらいあったはずの電池の充電が、一気に50%にまで急降下するようなものです。

それでもがんばりすぎる人というのは、なんとか動き続けようとします。**少しだけ充電してはまた使う、というような過ごし方**が習慣になっていくのです。

長距離ランナーが給水スポットで水分をチャージするように、がんばり続けるために補給して、またがんばるわけです。

長距離ランナーの場合、いつかレースが終わり、体のメンテナンスを行いますが、がんばりすぎる人のレースは一向に終わりません。

電化製品なら、切れた電池は交換すればまた使うことができます。でも、人はそうはいきません。

体を壊して倒れたら、まわりに迷惑をかけて、役に立つどころではなくなってしまうこともあります。そうならないための、事前の「NO」が大切なのです。

「NO」は、あなたのための健全な守りになります。

相手をがっかりさせない「NO」の伝え方

たとえば、「3つ仕事をやってください」と振られて、断りたいとき、どうしたらいいでしょうか。

相手をがっかりさせないような断り方ができたら理想ですよね。

しかし、「~という言葉を使えば、相手はがっかりしませんよ」といった定型文はありません。なぜなら、状況に応じた言い回しをする必要があるからです。

そこで活躍するのが、「心のしわけ」です。前項で紹介した、自分への質問を使っていきましょう!

相手に「3つ仕事をやって」と言われると、あなたは心の中で「必ず、3つとも私がやらないといけないのだ」と緊張するでしょう。

そこで、質問です。

質問①「そう思っているのは、誰？」

――「必ず」「3つとも」仕事をやらないといけない、と言われたわけではないのに、そう思っているのは誰でしょうか？

答えは、〝あなた〟ですね！　では、次の質問です。

質問②「相手は『大変』と言っている？」

――あなたは、3つも仕事を頼まれる状況について「相手は今、大変なんだ、だから私がなんとかしなくちゃいけないんだ」と思い込んでいませんか？

しかし、相手は「大変」と言ったでしょうか？

本当に、「あなたが一人でなんとかしなくちゃいけない」ような状況なのでしょうか。

シンプルな質問ですが、落ち着いて答えてみると、「あれ？　私ががんばりすぎているのかな」と感じるはずです。

このように、心をしわけた結果、３つの仕事すべてを、今、自分一人で抱えなくてもいい気がしてきたとします。

しかし、ここで「できません」とキッパリ拒否してほしいのではありません。**断る前に、自分のキャパを考える**のです。

どこまでできるのか、自分のキャパを確認します。すると、３つは難しいけれど、1つはできそう」と思えるかもしれません。

この、**「全部はできないけど、ここまでならできる」**という言い方は、「NO」という言葉は使っていませんが、実はれっきとした「NO」なのです。

自分のキャパを確認するときに、時間を軸に考える方法もあります。

すると、たとえば「これは今日中にやるので、**残りの仕事は明日以降にまわしてもいいですか？**」と、仕事の期限を交渉できるようになりますよ。

これが、相手をがっかりさせない「NO」です。

すべてのことに対して、言われるがままに「わかりました」と引き受けていたら、

できないものに「NO」と言う方法

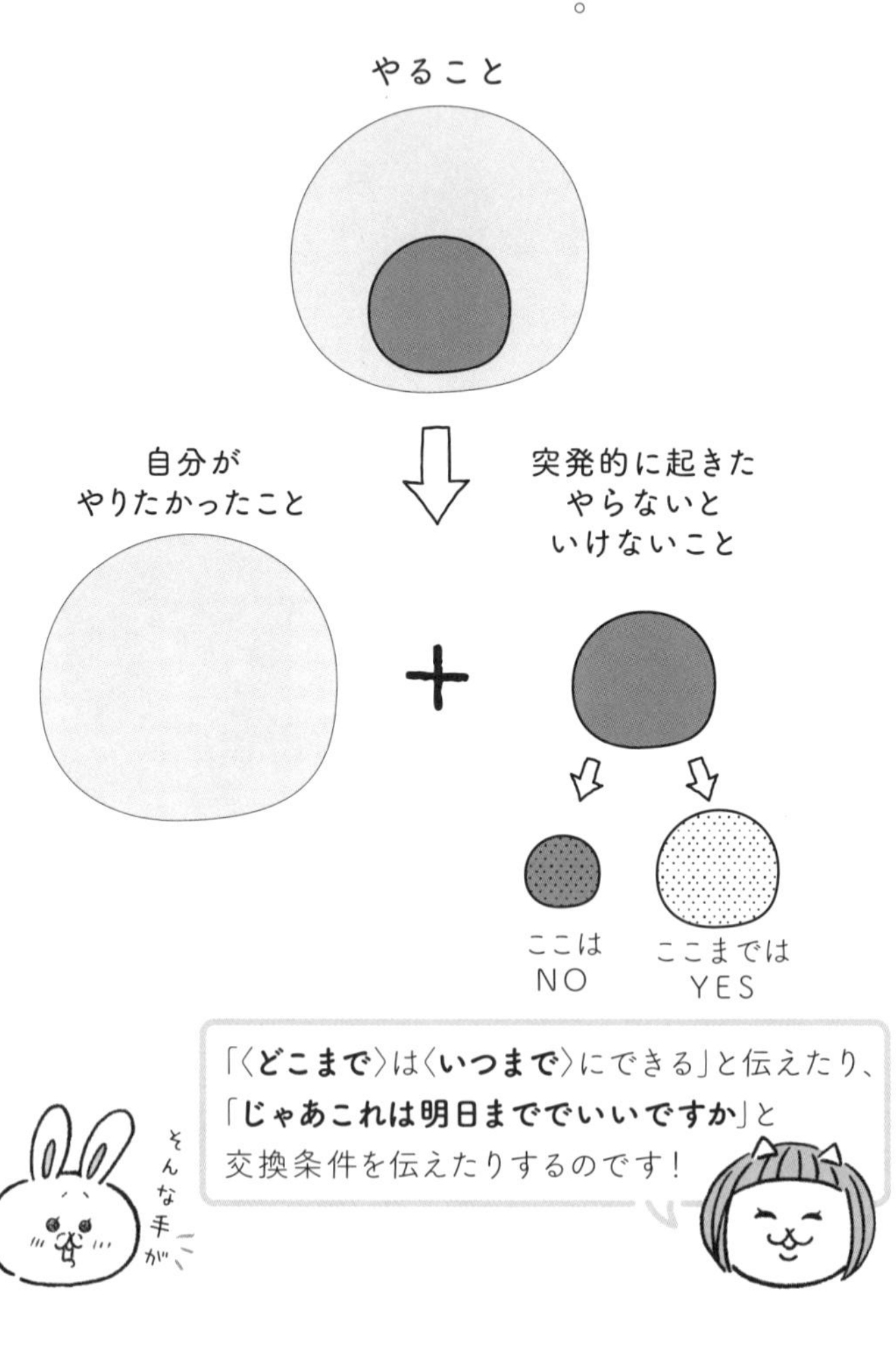

あなたはまわりに振り回されるばかり。そのために、本当にやりたいことまで諦めてしまうことにもなるでしょう。

大げさな話ではなく、そのような考えをもち続けると、人生そのものを諦めてしまうことになりかねません。それは避けたいですよね。

相手からの依頼の一切を拒否するのではなく、**できる範囲や、約束できる時間を伝える**というのは、仕事のプロとして責任ある返事の仕方です。**やれることを、その条件とともに伝える**のが、丁寧すぎるさんでも言いやすい「NO」なのです。

心がけ② 〝キャパの限界＝できる範囲〟として「NOを伝える」

プラスの効果をもたらす「NO」

「NO」が言えるようになると、心と体に余裕ができます。さらには、まわりの人が成長するきっかけにもなるのです。

「NO」が、あなただけでなく、まわりの人にもプラスの効果をもたらすなんて、意外に思うかもしれませんね。

たとえば、あなたがこれまで100請け負っていたことを、80までに抑えるようになったとしましょう。すると、あふれた20の仕事は、他の誰かがやらなければいけませんね。

このとき、丁寧すぎるさんは、「まわりに迷惑をかけてしまう」と心を痛めます。しかし、実際はその逆なんです。

20の仕事を行うことで、**まわりの人は成長する機会を得る**のです。

つまり、あなたがまわりの人にスキルを磨くチャンスを提供したということになります。

さらに、まわりの人だけでなく、**会社や組織も成長する機会**になります。

これまであなたが、「私だけが我慢すればいい」と犠牲を払ってきた問題が、あなたから離れることで、まわりの人にも明らかになります。それは時に、ハラスメントの問題であったり、業務上の不備であったり、法律上問題のあることであったりするでしょう。

あなたが犠牲を払うのをやめることで、組織の膿(うみ)が出て、会社や組織が正しい方向に向かうきっかけとなります。

一時的には、あなたもまわりの人も大変な思いをするかもしれません。しかしこれは、全体が成長するチャンスです。

これを機会に問題が改善されれば、今いる社員はもちろん、これから入社してくる人たちにとっても、嬉しいことですよね。

もしかしたら、組織の膿が出ても改善につながらず、もとに戻るかもしれない。それなら、自分ががんばったほうがみんなのためになるのでは——。そう、とらえる人もいるかもしれません。

しかし、もしもあなたがそこまでしても、会社が変わらないのであれば、むしろあなたには責任はない、と思いませんか？　責任は、改善に踏み切らなかった経営者が負うべきなのです。

会社のことを、あなたが背負い込む必要はありません。そのときは、今の場所でもう少し奮闘するのか、新天地を求め歩き出すのか、考えるタイミングだととらえましょう。

同じ場所でがんばるもよし、新しい場所でがんばるもよし。**あなたがいいと思うほうで大丈夫**です。

丁寧すぎるさんが「ＮＯ」を伝えるのは、言い換えると、あなたのやりやすい方法を、まわりに知ってもらうということでもあります。

自分が「どのように働いたらいい結果を出すか」を伝えるということは、「私のこと、こんなふうに扱ってもらえたら、いい仕事しますよ」というアピールでもありますよね。

同じように、苦手な仕事の進め方についても伝えておけば、まわりも、あなたにどう接したらいいかわかります。

丁寧すぎるさんが苦手なこと

たとえば、丁寧すぎるさんは、**スピード感のあることが苦手です**。そのため、矢継ぎ早に指示されることや、五月雨式に次々と処理しなければならないような作業に対しては、違和感を感じやすいです。

できれば自分のペースで、余裕をもってやりたいタイプなのです。

「この件は急ぎで、ちょっとくらい間違ってもいいから、とにかく早くお願い」なんて言われたら、戸惑います。

そもそも間違えたくないのが性分ですし、迷惑をかけたくないから慎重なのです。間違えてもいいから、深く考えずにテキパキやってくれ、なんて言われたら、困惑しますよね。

そんなときは、このように伝えてみましょう。

「テキパキやるのは苦手なタイプです。でもがんばりますから、休憩時間は一人でゆっくりさせてください。そしたら復活します！」

こんなふうに、あなたとの付き合い方を、折りに触れてさりげなくシェアしておくと、徐々に周囲の理解も深まります。

また、質問に対して「すぐ答えなさい」と言われたり、オンラインミーティング中にブレイクアウトルームに入れられて、意見を求められたりするのも、あまり得意ではありません。

丁寧すぎるさんは、いつもまわりの空気を読みながら、

「こういうふうに言ったら、喜んでもらえるかな」

「どういう発言をしたら、みんなの役に立つのかな」

と、すごく考えています。

だから、考えて返したい。できれば最後に発言したいと思っているのです。

ところがその様子は、自分の意見を言わない人に見えてしまうかもしれません。

そんなときは、「わからないとか、悩んでいるとかではなく、考えているだけなんです。じっくり考えたら、いい案が出せると思うんです。少し考える時間がほしいので、最後に発言させてもらえますか」

などと、正直に伝えてみてください。意外と、すんなり理解してもらえるものですよ。

その「慎重さ」で質問魔に!?

丁寧すぎるさんが、まわりに迷惑をかけたくないために、とても慎重であることは何度もお話ししてきました。

特に、まだ慣れていないことや、経験が浅いことに関しては、ミスをしてしまうのではないか、迷惑をかけてしまうのではないか、と落ち着きません。だから、細かいところまで確認したくなり、事前に聞いておきたいことがあれこれと出てきてしまうのです。

あれこれ聞いて、失敗したときのことまでちゃんと想定しながら、慎重に行動したいのが、丁寧すぎるさん。

「もう！　失敗してもいいから、とりあえずやってみて！」なんて言われると、もやもやします。

質問攻めにして、迷惑をかけたいわけではないんです。何もわかっていないから質問するのでもありません。

とにかく**「失敗によって、まわりに迷惑をかけたくない」**、**その一心**なのです。

そんなときは、相手を質問攻めにする前に、

「慣れていないことは、事前に細かく確認しておきたいタイプなんです」

「エラーケースを想定しながら行動したい性分なんです」

と、慣れるまでは質問させてほしいことを伝えておきましょう。

なるほど心配性なんだな、と知っておいてもらえたら、質問がちょっと多めなことも目をつぶってもらえるはずです。

正直な「NO」は、責任ある行動

3章まとめ

自分の**キャパを「マネジメント」**する方法

1 心のしわけ

「自分の気持ち」と**「他の人の気持ち」**を分けて考える

モノを活用　質問を活用

↓

2 「NO」を伝える

「スキル」と**「キャパ」**の両方を考え、自分のできる“範囲”を伝える

＼あなたもまわりもみんなHappy！／

4章

でも、手を抜きたくない！誰にも嫌われたくない！

――安心して力を抜くための「コツ」

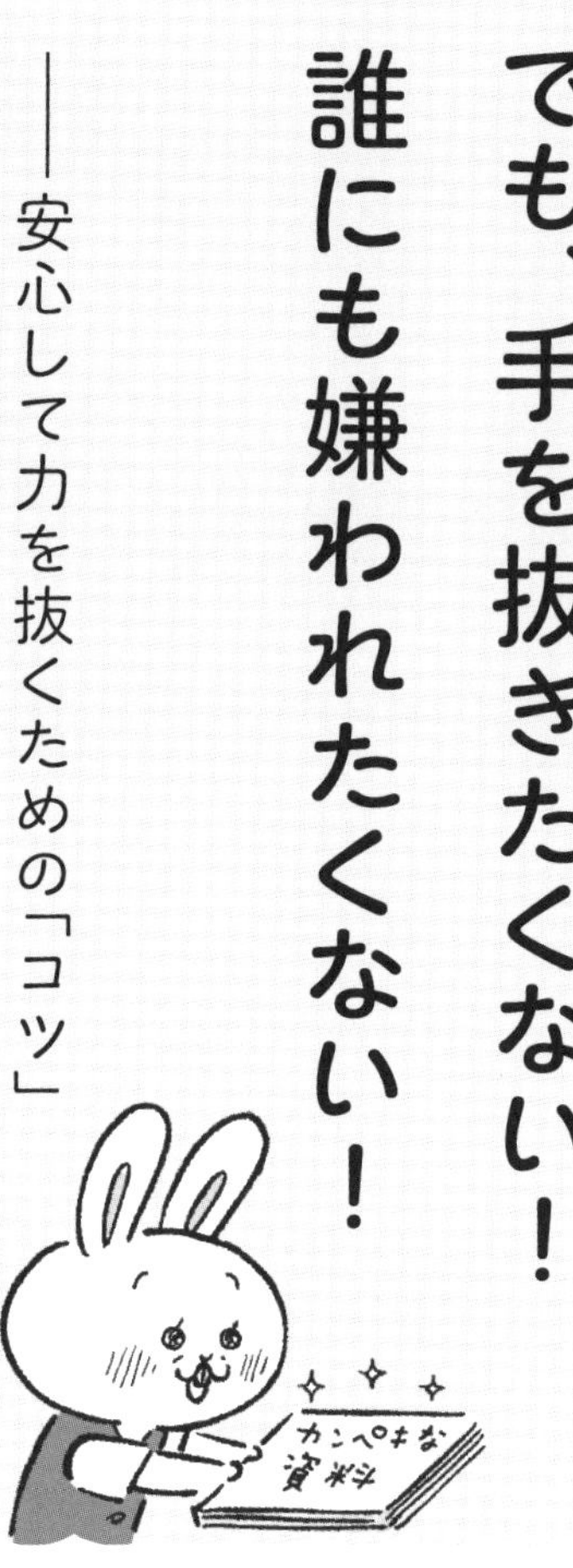

「がんばるために休む」方法

さて、丁寧すぎるあなたでも、もっとラクな心持ちで生きていけるとしたら、そうなってみたくありませんか？

ところが、丁寧すぎるさんの多くは、こう言うのです！

「でもやっぱり、手を抜くのは怖いんです……」

心の中で、不安や葛藤が生まれるのですね。

では、こう考えてみるのはどうでしょう。「手を抜く」のではなく、「肩の力を抜く」のです。

そして、安心して力を抜くには、不安や葛藤と上手に付き合えばいいのです。

でも、変わりたいと思っていても、いざ変わろうとするとなかなかうまくいかない、誰しもそんな経験があるのではないでしょうか。

私はあります。痩せたいと思っているのに、スーパーに行くと、どうしてもポテトチップスの前を素通りできないのです……。

これと同じで、がんばりすぎから卒業したい、でも、手を抜くことによって、たとえば仕事で、今まで保ってきた品質が落ちたり、厳守してきた納期が守れなくなったりするのではないかと不安になり、ついがんばってしまう。

このように、どんなに自分が嫌だと思っている習慣でも、慣れているものをやめようとすると、もとに戻ってしまうことは、心理学用語で「現状維持バイアス」と呼びます。

現状維持バイアスとは、次のような状態を指します。

「現状維持か現状変更かの選択に直面したとき、人は、現状変更をしたことで現状を失うことを後悔するだろうと想像し、その損失と後悔を回避しようとして（損失回避、後悔回避)、現状維持を選ぶ傾向がある」

〔引用:木村(道家)瑠見子「現状維持からの脱却:予期的後悔が現状維持傾向の低減に及ぼす影響」(一橋大学審査学位論文、2018年)〕

つまり、脳のつくりとして無意識に、今の状態を保とうとするから起きることです。決して、あなたの意思が弱くて、がんばりすぎをやめられないのではありません。がんばりすぎる人の場合、手を抜く=やってはいけないこと、と信じているので、がんばりをやめるのはいけないことだと、心のどこかで思ってしまう節があるのです。

そんなふうにがんばりすぎてしまう人たちに、まず覚えていただきたいことがあります。3章でお伝えした、「がんばっても、がんばらなくてもいい」です。

あなたは元来、がんばることで自分を保ってきました。そんな自分を否定する必要はありません。がんばることは悪いことではありませんから。

もう二度と無理をしないようにしよう! というように、**「がんばりすぎを完璧にやめようとする」**から、肩に力が入ってしまうのです。

いつもがんばる、もしくはどんなときも手を抜き続ける、といった白黒思考に気づけるようになるといいですよね。そしてこのように考えてみませんか？

「がんばりすぎて力が出ないときは、自分という電池を充電するタイミング」

「力をためている間は、がんばるのはお休み。たまったら好きなだけがんばろう！」

つまり、**がんばるためにがんばりすぎを休む**、と考えるのです。

いかがでしょうか？　がんばることも、休むことも、ちょっと楽しみになってきたのではないでしょうか。

さあ、ここからは、がんばりすぎと上手に付き合っている事例を見ていきましょう。「がんばるために休む」を、どのように日々の生活に取り入れるといいか、イメージできるようになるはずです。

Case 1　疲れていても片付けをしないと気がすまない

職場が雑然としている。家の中が片付いていない。

でも、手を抜きたくない！　誰にも嫌われたくない！

丁寧すぎるさんは、こういう状況が許せません。特にＨＳＰの人は気質も関係して、散らかっているもの一つひとつに目が行き、落ち着かないからです。

たいていの人は、「汚いな」「片付けないとな」と思っても、目の前のことで忙しければ、「そのうちやろう」と後回しにします。または、「誰かがやるだろう」と期待したり、「手の空いている人にやってもらおう」とお願いしたりするでしょう。

丁寧すぎるさんが苦労するのは、そこで**ひどく疲れていても、ものすごく忙しくても、無視できずに自ら片付ける**からです。

丁寧すぎるさんにとって、「片付いていない状態」というのは、心の陣地を、小さな刺激で、ちくちくと刺されているようなものです。気になって仕方ありませんから、今すぐ片付けて落ち着きたくて、片付けをがんばってしまいます。

それだけではありません。まわりの人もきれいなほうがいいに違いない、と丁寧に片付けたくなる気持ちも顔を出し、ムクムクと膨れ上がってきます。

そうしていろんなことを「自分でやろう」として、片付け終わったにもかかわらず、落ち着くどころか疲労困憊（こんぱい）する悪循環へ……。

「範囲」を決めてやる

「ここもあそこも片付けたい」という気持ちになったときは、「片付ける範囲」を決めましょう。

これは「物理的なしわけ」の応用です。

まず、自分の気持ちを確かめます。

疲れているけど、片付けたい気持ちもある。それなら、どちらを優先したいか考えてみましょう。疲れていても片付けたい気持ちのほうが強いのか、もう疲れたくない気持ちのほうが強いのか？

もし片付けたい気持ちが強いなら、**範囲を小さく決めて片付け**てみましょう。たとえば、机の上だけとか、一つの引き出しだけとか。

範囲を決めたら、そこを、気がすむまで丁寧に片付けます。「気がすむまで」というのがポイント。**丁寧に片付けたい気持ちを満たすと、元気が湧いてくる**ものです！

このやり方に慣れてきたら、少しずつ範囲を広げても構いません。

逆に、「疲れているのに、片付けずにはいられない」というように、〝疲れ〟を先に意識したのであれば、思い切って、休むことを優先しましょう。

無理して今片付けるよりも、休んで元気になってから片付けるほうが効率的です。たとえば、今日は早く寝て、明日の朝5分早く起きて片付けるだけで、すっきりした気持ちで片付けができます。

自分の気持ちを大切にして、自分のペースをつかんでいきましょう。

Case 2　どの職場でも仕事を抱えてしまう

丁寧すぎるさんは、仕事を押し付けられやすいようです。なにせ、断りませんから。たとえば、「今、私は手一杯だから、あなたがこの仕事をやってくれる？」と頼まれたとします。ここですぐに答えないのが丁寧すぎるさん。どうするかをちゃんと考えたくて、「検討します」なんて言ってしまいがち。

でも、一般的には「検討します＝ＹＥＳ」と受け取られやすいですよね。

実際、丁寧すぎるさんも、**「やるとしたら、どうやろうかな？」と、丁寧に考え出します。**

まだ「やる」と返事をしていないにもかかわらず、その仕事をすでにやりはじめているかのような錯覚を起こすこともあります。

ざっくりとした見積もりにとどまらず、実際のスケジュールまで組んでしまうくらい、きっちり考えるのが丁寧すぎるさんなのです。

それを見てまわりは、「あ、真剣にやろうとしてくれているんだな」と受け取ります。相手はすっかり仕事を任せたつもりになって、「あれ、どうなった？」と確認が入ります。そして、丁寧すぎるさんは、「いつの間に私の仕事になったの？」と戸惑うことに……。

ここまできたら、もう断れません。相手はすでに、あなたにその仕事を任せたつもりでいる。なのに、あなたは検討をしているだけで、仕事そのものには手をつけてい

…………

でも、手を抜きたくない！　誰にも嫌われたくない！

…………

ない。そうなると、相手に迷惑をかけてしまった、と焦ります。

職場を変えても同じような対応を続けるので、転職しても、結局、自分が抱える業務量が多くて疲れる、という事態を引き起こします。

「断る＝罪悪感がない」は思い込み

そんなときは、「『必ずあなたがやって』と言われた？」、つまり**「『やって』と言われたと思っているのは誰？」**と自問してみてください。

「そう思っているのは、誰？」の質問を応用して対処していくのです。

仕事を頼まれたとき、「あなたが〝必ず〟この仕事をやるべきだ」と言われたように思いませんでしたか？

たしかに、相手はあなたにお願いしたい、と思っていたでしょう。

でも、相手のその気持ちにちゃんと応えなくちゃ、と身構えすぎていませんか？

つまり、「必ずこの仕事をやらなければならない」とあなたに押し付けていたのは、相手ではなく、あなた自身だったということです。

一度引き受けた仕事でも断る、という可能性はいつでもあるものです。

たとえば、「すみません。思ったより時間がかかりそうなので厳しいです」や、「急ぎの仕事が入ったので、キャパオーバーになってしまいます」などと伝えてみてください。

一度引き受けたのに断るなんて、相手に悪いと思うかもしれません。そして、その罪悪感を無理に切り捨てる必要もありません。

そのまま、**罪悪感をもちつつ、自分のキャパも伝える**のです。

「引き受けたにもかかわらず、後から『やはりできない』と言うのはとても申し訳ないのですが、やはりどんなに検討してもこの時間内で仕上げるのは無理だとわかったので、お伝えしております」というように、伝えてみてはいかがでしょうか。

あなたのためにも、自分の限界を尊重して、無理せずに対応していきましょうね。

Case 3　上司や後輩だって大変だから…

丁寧すぎるさんは、いろんなことに気がつきます。そして、気がついたからには放っておけないのが性分です。小さなことならば「自分がやればいい」とがんばってしまうことは、先にもお話ししました。

実は「小さなこと」と同様に、それが「大きな問題」であっても、上司がやらないなら、担当がやらないなら……「私がやればいい」を発動します。

よくあるのは、**業務改善を申し出る**ことです。

「従来のやり方よりも、この方法のほうが効率的です」

「このマニュアル、長年更新されていません。このままではミスにつながるのでは」

といった提案を積極的に行って、場を仕切ることも。

まわりのみんなのためにも、これから入社してくる後輩たちのためにも役に立つから、という正義感で、丁寧すぎるさんは行動します。

もっとも、大規模な改善案ほどなかなか進まないのが世の常。

「まあ、そこまでしなくてもいいんじゃないかな」と上司が渋ったり、「今は目の前のことで手一杯で、時間がないんです」と後輩に断られたり、「私はとてもそこまで気を回せません。お手伝いはできませんが応援はします」と同僚に言われたりすると、「じゃあ、私がやるしかないのかな」と判断します。

「今はとりあえずうまくいってるんだからいいじゃない」と思っている人たちは、そんな丁寧すぎるさんのことを煙たがるかもしれません。

しかし、どれだけつらくとも、丁寧すぎるさんは正義感から、決めたことを途中で投げ出せません。一人、孤独な戦いが始まってしまいます。

あなたにも思い当たるところ、ありませんか？

心配事を数値化すると…

このようなシチュエーションには、**「客観的にみても『大変』か?」を改めて自分**

の中で問い直してみるのがおすすめです！

「相手は『大変』と言っている？」の問いかけの応用です。

孤立した中での戦いは、がんばりすぎてしまう丁寧すぎるさんを、どんどん追い込みます。そうなる前に、立ち止まってみませんか？

具体的には、心配事を数値化します。たとえば、「マニュアルを改善しないままだと、ミスが起きる確率は何％？」と自問してみてください。

いかがでしょう。即答するのは難しくありませんか？

実際に確率を計算して数値化するには、マニュアルを改善しない場合、〇ヶ月後に、こんなミスが発生する、というような具体的な根拠が必要です。

違う言い方をすれば、ミスが起きる確率を計算できるくらいに未来をシミュレーションできるなら、それは起きても冷静に対応できる程度のミスであるはずなのです。

ここまで考えたうえで、業務改善に力を注ぐ必要があるかどうか、もう一度検討してみてください。

たしかに、これから起きるかもしれない心配事ですが、あくまで今はまだ起きていないことを心配しすぎているだけかもしれないのです。

さらにいうと、その心配事が現実になったとして、それはあなたの責任なのでしょうか？　経営者であれば責任があるかもしれませんが、一社員であれば、あなたが仕事の全責任を負うようなことは、ほとんどないのではありませんか？

心配事を数値化することで、客観的に心配の度合いを見つめ、冷静に対処することができます。

新しい視点を見出し、前に向かって一歩踏み出すきっかけとなるでしょう。

がんばらないことは、「怠け」でなく「賢明な判断」

仕事中の自分への「3つの問いかけ」

特に、仕事の場面でがんばりすぎてしまうときに使える「3つの質問」も、ぜひ覚えておきましょう。

「それは誰の仕事？」——仕事を増やさない

たくさんの仕事で手一杯になったとき、今、あなたの手元にある仕事を簡単に書き出してリストを作ってみてください。

その一つひとつについて、「それは誰の仕事？」と、確認しましょう。

たとえば、時短勤務の同僚が大変そうにしていたからといって、引き受けた仕事はありませんか？　後輩が困っていたから、手助けしてあげている仕事はないでしょうか？

そういった仕事は、**本来、他の人の仕事**です。

丁寧すぎるさんは、他の人の仕事を手助けしているせいで、自分が大変になってしまっているという自覚が、案外ありません。

それに気づくために、「それは誰の仕事？」と確認することで、あなた自身の仕事

でも、手を抜きたくない！　誰にも嫌われたくない！

と、他の人の仕事を〝じわけ〟していきましょう。

「それは自分の〝職務範囲〟？」——責任を増やさない

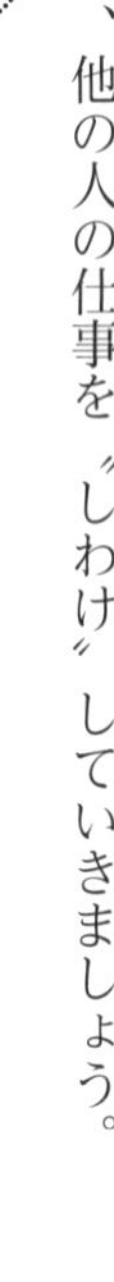

あなたの手元に、本当は他の人がやるべき仕事があったとします。または、みんな忙しくて、誰も手をつけていない仕事があるかもしれませんね。

そういった仕事たちは、**あなたが手助けしようと引き受けた時点から、あなたが責任を負う**ことになります。そのことに気づいていましたか？

人の仕事を引き受けたことで、あなたの時間は奪われます。労力も、エネルギーも奪われることになります。しかも、責任まで負うことになる。

あなたが人に向けた優しさや気遣いによって、本来はなかったはずの負荷をあなたにかける結果になっていますよね。

自分の手に負える範囲をこえて、抱えなくていい負荷や責任を負う……それはあなたが望むことなのか、自分の本心を確かめてみるといいでしょう。

「この会社は誰のもの？」――立場を踏み越えない

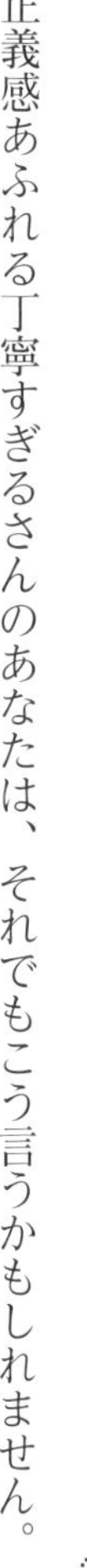

正義感あふれる丁寧すぎるさんのあなたは、それでもこう言うかもしれません。

「私が手助けすることで、いずれ会社もみんなも変わっていくはず」

丁寧すぎるさんは、正義感でいっぱいになりがち。心の中でこのような思いを握りしめていることもあります。

これは、たしかに一理あります。誰かがやらなければ変わらないことって、たくさんあります。大変だから、負担になるから、率先してやる人がいないまま、なあなあになっていくことは珍しくありません。

そのままにしておけないという、丁寧すぎるさんの気持ちもわかるのです。

でも、組織を変えるのは簡単ではありません。正義感をもって変わるものでもあり

でも、手を抜きたくない！　誰にも嫌われたくない！

ません。

会社もそうですが、グループでも、チームでも、同じこと。

組織を変えることができるのは、最終的にはその組織のトップです。あなたの会社であれば、あなたが変える必要がありますが、そうでないなら、組織を変える立場にある人に、あなたの思いを伝える。

あくまで自分の立ち位置にとどまりましょう。

仕事はもともと「会社」のもの

「役に立つ」と「ラク」は両立できる

人の役に立ちたいと思うあまり、尽くしすぎる優しいあなた。そんなあなたがリラックスするためには、自分を大切にすることです。

「役に立たなきゃ」と意識しているとき、実は脳内では、「役に立っていない自分」をイメージしています。脳内のイメージが、あなたを無意識のうちに追い詰めているのです。

丁寧すぎるさんが、本当の意味で人の役に立つとは、特に意識せずに自然と行っている気配りや、さりげない優しさを誰かが見て喜んでくれることです。

必死でわざとらしい行動ではなく、自然体のふるまいだから、人々が喜ぶのです。

人生のすべての瞬間において誰かの役に立とうとしなくても、とある瞬間に誰かの役に立てていれば、それで十分です。

あなたのすべての時間を他人のために使うのではなく、自分のために使う時間も大切にしましょう。

たとえば、休日には自分の好きなことをする時間をつくってみてください。散歩をしたり、好きな本を読んだりと、趣味に没頭する時間を大切にしましょう。それがリフレッシュになり、結果的に他人への気配りや優しさにつながるのです。

あなたの優しさや気配りは、無意識のうちにまわりの人を幸せにしているのです。

Case 4 〝大変そう〟な後輩への接し方

後輩が大変そうだな、と気づく機会はよくあると思います。新人なら、右も左もわからずに困っていることがあるでしょう。慣れない仕事で手際も悪く、戸惑っている様子を見かけるかもしれません。

平穏を求める丁寧すぎるさんは、気になりますよね。**そんな後輩を見ていると自分**

自身まで大変な気持ちになって、落ち着かないからです。

人の役に立ちたいのも性分ですから、ついつい助けてしまいます。気づいていたのに見ないフリをして、後輩に嫌われる事態を避けたい気持ちもあわせもっています。人には嫌われたくないので、自分にできることなら役に立ちたいと思います。

手伝ってあげれば、もちろん嫌われません。頼りにされます。

一度助けられた後輩は、次も、その次も、困ったときには、またあなたを頼ってくるでしょう。

しかし、あなたがその後輩を助けることが当たり前のようになると、次第に疲れてしまいます。頼りにされると無下(むげ)にもできず、その分のエネルギーと時間を消費したしわ寄せが、あなたに降りかかります。

助けてくれると期待されているのに、**断ったら嫌われるかもしれないという、初めて助けたときにはなかった不安**もついてきます。丁寧すぎるさんにとって、期待を裏切ることは、相手の気持ちを踏みにじるようなものです。

この悪循環で、身動きがとれなくなっていきます。

「手伝う理由」に立ち返る

こういうときは、「そもそもどうして手伝っちゃったんだろう?」と、原点に立ち戻ってみるのがおすすめ。

後輩のことが好きだし、役に立ちたかったという気持ちが原点でした。

でも、人の役に立つ方法は、他にいくつもあると思いませんか。

手助けすることだけが、役に立つ方法ではないはずです。見方を変えれば、その場しのぎで助けることで、後輩が仕事を身につけるチャンスを奪うともとらえることができますよね。

後輩が目の前のことをなんとかできるように手助けするのではなく、後輩を一人前に育てるために何ができるか——視点をそちらにシフトしてみたらどうでしょう。

後輩に成長のチャンスをつくるためには、時には苦労も必要です。困難を乗り越えることで、きっと成長します。大変そうな状況は、後輩が経験を積み、実力を伸ばす機会と割り切って、見守るのはどうでしょうか。

後輩が行き詰まって、にっちもさっちもいかなくなっていたら、答えではなく、答えに近づける何かしらのヒントをあげるくらいが、ちょうどいい手助け。一から十まで肩代わりしてしまうと、後輩は学ぶ機会を失ってしまいます。

考えて、やってみて、失敗して、また考える。あなたもそうして成長してきましたよね？　後輩にも同じように、成長の機会をあげてください。

目の前の困難をラクに処理するための手助けではなく、経験値を積むための手助けをしてあげることは、**即効性はなくとも、長い目でみれば必ず相手のため**になります。相手はあなたが黙って見守ってくれたこと、そして高い壁を乗り越えるヒントをくれたことに、感謝するはずです。

「あのとき、自分にやらせてくれて、ありがとうございました」――

人の役に立つ道は、一つではありません。

助けてあげたいその人のために、上手に道を選んでいけるといいですよね。

丁寧すぎるさんは手助けのプロですから、そのときにふさわしいアプローチをすれば、誰よりも素晴らしいやり方で助けてあげられると思います。

Case 5　それって、ただの連絡魔!?

丁寧すぎるさんは、人の役に立ちたいと思うあまり、心配性になる場合があります。

まだ何も起きていないのに、問題が起きたらどうしよう、と人の何倍も心配します。

ちょっとしたことでもメモして渡したり、連絡をこまめにとったりする人が多いようです。

関連部署の担当さんが困らないように、マメに連絡をとっている——というのも、丁寧すぎるさんからはよく聞く話です。

しかし、「そのおかげで、相手とうまくやれたのですか？」と聞くと、「よくわかりません……」「特に、お礼を言われたことはないですね」という歯切れの悪い返事を聞くことがほとんど。

役に立つためにがんばってやっていることなのに、**本当に相手の役に立っているかどうかはわかっていない**のです。

「お役に立てているか」聞いてみる

相手の役に立っているかどうかを知るには、単純に、相手に確認してみることです。

「メモはお役に立っていますか?」と相手に直接確認してみましょう。

もしかしたら、「ここまで細かいメモはいらないな」と思われているかもしれません。「連絡がマメすぎて面倒だな」というのが本音かもしれない。それは、お役に立つこととは逆のことですから、本末転倒ですよね。

本当にお役に立てることが何かを知るために、確認してみませんか。

「頻繁に連絡を入れるようにしていますが、ご負担になってませんか」

でも、手を抜きたくない！　誰にも嫌われたくない！

「私は細かいところがあるので、余計なことだったら悪いなと思いまして……」

「ここまでしなくてよかったかなって、ちょっと確認したかったので」

そんなふうに聞いてみてください。

もし、「ここまでしなくてもいいですよ」と言われたら、「では、どのくらいの頻度がいいでしょうか」と、相談してみましょう。

「作業が終わってから連絡もらえれば十分です」

「終わりの目処がついたとき、事前に教えてもらえると助かります」

などと相手の意向がわかったら、そのとおりにすれば相手にハッピーになってもらえることが確約されます。

丁寧すぎる対応よりも、そこから少しばかり丁寧さを差し引いたほうが、お役に立てているわけです。

自分も相手も、ストレスなく仕事ができるようになり、ハッピーですね。

「あってもなくても、どちらでも大丈夫」と言われるときは、基本的に、「やらなくてもいい」ということです。やったほうがあなたの精神衛生上プラスになるのなら、やり続けてもいいでしょう。

ただここで、「**ないほうが、ご迷惑にならないですか？**」と、私ならもうひと押ししてみます。

気を遣って「どちらでもいい」と言う人も少なくないからです。本当は必要だと思っているのなら、「連絡をくれたほうがいいです」という言葉が聞けると思います。

「きっと役に立つに違いない」とがんばっていても、それが確実に役に立っているかは、確認しなければわかりません。場合によっては、見当違いな可能性もあります。

本当に相手の役に立ちたいのなら、その人の考えを聞くのが一番。相手に絶対、間違いなく喜んでもらえる方法は、本人からしか聞けないのです。

「丁寧」だけが役に立つ方法ではない

あなたの「トリセツ」を知ってもらおう！

3章で、「NOを伝える」というテクニックをお話ししました。そして、大事なのは、キャパの限界を伝えるということでした。

これは言い換えると、**あなたの「トリセツ」をまわりと共有する**ということです。

自分のトリセツの伝え方は、状況によってさまざまです。ここでは、それらのより具体的な伝え方について、ご紹介したいと思います。

「安心できる方法があります」――自分の〝得意〟はコレ

自分のキャパの限界を伝えるということは「**あなたが安心してできる範囲ややり方を伝える**」ということ。

新しいことにチャレンジする場合は、多少無理をしなければならないことがあるでしょう。でも、**無理をしてでもやってみたいと思えること、スキルアップにつなげたいと思える仕事なら、「あなたがチャレンジできる範囲」ととらえていい**でしょう。

一方で、やりなさいと言われた仕事の方向性と、自分の価値観が合わないときもあると思います。

丁寧すぎるさんは、価値観が多少合わなくても、一度引き受けたら立派にやり遂げます。でも、自分の価値観との違いに葛藤しながら、やり続けることになってしまう。そうならないために、「私はこの方向性とは違う考えをもっています」ということを伝えて、それは本当に自分がすべき仕事かどうか確認してみたらいいと思うのです。「私はそうは思いませんが、あなたはどうですか？」と聞いてみて、相手の反応を確かめます。その反応を受け止めて、次に自分がどうしたいと思うのかを、考えてみてください。

さらに、**「あなたが得意な進め方をまわりに知ってもらう」**ようにしましょう。

仕事の進め方は、同じ作業でも人それぞれ。

「いつまでに終わらせるべき仕事なのか」（時間）

ということに関しては、みなが共通認識としてもつことができても、

「作業にどれだけの手間をかけていいのか」（ウエイト）

「それぞれをどういった順番で進めるか」（やり方）という点については、十人十色なものです。

ですから、「こんなふうにやってね」と上司や先輩から指示されたとしても、「もっと違うやり方のほうがいいのに」と思うことが出てきます。

互いに、ウエイトのかけ方、自分が得意なやり方を相手に上手に伝えられたら、みんなの強みを活かして仕事ができますね。

「マニュアルがほしいです」——エラーケースも知りたいから

丁寧すぎるさんは**「うまくいかなかったら、どうしたらいいのか」**というエラーケースがとても気になります。指導を受けるときはそこも含め確認したいのです。

まわりに迷惑をかけたくない、という気持ちが常にあるからです。

だから最初に、「もし自分がミスしたら、どれくらいの被害になりますか」という質問が欠かせません。

「こんなの、ちょっと入力し直すだけですむから大丈夫」と言われたら安心しますが、「会社全体に関わるから、他部署にも訂正の連絡をしなきゃいけないよ」と聞いたりすると、一気に緊張感が高まることに……。

もちろん、慎重になるのは、決して悪いことではありませんが、丁寧すぎるさんが経験値の少ないタスクに慎重な姿勢を保った結果、対応に時間がかかることも多いのです。

エラーを恐れ、先輩や上司に何度か同じことを確認することもあります。

そんなとき、「それ、この前も言ったと思うけど」なんて言われてしまうと、余計にプレッシャーを感じてしまうわけです。

そんな圧から逃れたくて、マニュアルを作る丁寧すぎるさん、たくさんいます。理解が曖昧なまま、「ミスをしてはいけない」と緊張感いっぱいで仕事をした経験から、たしかなマニュアルがあれば他の人の役に立てる、と思うのです。

他の仕事で忙しくても、手が空いたときにマニュアル作りをしたくなります。

でも、そんな気持ちをまわりにわかってもらえないことも多くて、「時間があるなら別のことしてもらえる？」と言われてしまうことも……。

こういうとき、自分の仕事の進め方を事前にまわりに理解しておいてもらえると、やりたいことをスムーズにやれるようになるはずです。

「ここまでならできます」——キャパオーバーは負担がかかる

最後に、**自分が対応できる量を把握してもらう**こと。

たとえば、「若いんだからたくさん食べなさい」と言われたら、無理してでも食べてしまうのが、がんばりすぎてしまう丁寧すぎるさん。

私も若い頃、ワインなら1杯が限界とわかっていたのに、「遠慮せずにどうぞ」とすすめられ、グラスにつがれてしまったら断れなくて、3杯も飲んでしまった挙げ句、倒れてしまったことがありました。

最初に「1杯をたしなむのが好きなんです」と伝えておけば、決して配慮してくれない人じゃなかったのに……と思うと、やっぱり「NO」を伝えることは大事だなと

でも、手を抜きたくない！　誰にも嫌われたくない！

思います。

「NO」をうまく伝えたほうが、相手にも自分にも、お互いにとっていい結果になることが多いと思いませんか？

「お酒は1杯が限界です」

と事前にはっきり伝えておくのも「NO」の一つの形ですよね。

仕事も同じ。たとえばデイケアサービスで働いているスタッフさんは、「今日の利用者は70人なので、あなたは10人担当してください」と人数を割り振られます。

もし、あなたのキャパは7人だったとしたら、10人分の仕事はかなり負担です。

でも事前に、「私のキャパでは7人が精一杯です」と伝えてあったうえで、「ごめん！　今日だけ10人でお願いします」と言われたとしたら。「しょうがない、今日だけがんばろう」と納得して、前向きにがんばれそうじゃないですか？

相手も、「あなたに負担をかけている」とわかっていますから、きっとサポートしてくれたり、ミスをしても配慮してくれたりするはずです。

もし、あなたのキャパ情報が誰にも伝わっていないまま、「10人お願い」と言われて引き受けたら。翌日も「昨日も10人だったから、今日も10人で」、その翌日は「今日は11人になるけど、1人くらいなら増やしても大丈夫?」なんて言われて、また「わかりました」と引き受けることに……。

そんなふうに流されてしまったら、あなたがつらくなるだけです。あなた一人でストレスを抱え込んでしまいます。

できれば**相手の人にも、「あなたに負担をかけている」という意識をもってもらう**ことで、ストレスを分け合ってもらいましょう。

「NO」の伝え方を身につけると、こうして、自分のキャパに収まりきらないところまで抱え込まないよう、交渉することができるようになります。

自分のトリセツを伝えないのは「無責任」

基本的に、人生において出会う相手を、私たちは選べません。

でも、手を抜きたくない! 誰にも嫌われたくない!

わかりやすいのは職場ですね。その人が自分に合う上司かどうかは働いてみなければわからないし、そもそもどんな上司が自分に合うか言語化するのも難しい。親や子どもについても同じようなことがいえますよね。

それなら、まわりにいる人がどんな人であっても、自分の居心地のいい環境がつくれるように、自分がストレスを感じないポイントについて、日頃からまわりに共有するほうがいいと思いませんか？

自分のトリセツをまわりに共有しておくことは、社会で生きていくためのマナーだと、私は思います。

よくよく観察してみれば、あなたの同僚や後輩も、「私、こういう付き合い方が苦手なんですよね」「営業かけるのは、かなり得意なんですよ」「プレゼンの資料作りは、まったく苦にならないんで！」などなど、自分のトリセツを、さらりと日常会話に混ぜ込んでいませんか？

「あの人は、ああいうの得意だよね」という認識があるなら、それはきっとその相手が、ストレスを感じないポイントを、何らかの形であなたに伝えたからです。

相手の得意なこと、苦手なこと、好むことを知っていたほうが、相手を理解でき、付き合いやすくなりませんか？　その情報を与えられて、迷惑だなんて思いませんよね、むしろありがたいはずです。

あなたがそう思うなら、まわりも同じように思っています。

自分のトリセツの共有は、実はみんなやっています。

ですからあなたも遠慮なく、あなたのストレスを感じないポイントについて、まわりと積極的に共有しましょう。

みんな「自分のトリセツ」を伝えてうまく生きている

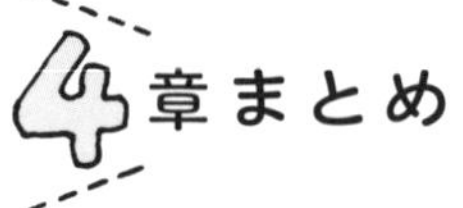

4章まとめ

「それでもがんばってしまう」理由

断る罪悪感

気がすまない

私がやるしかない

…etc.

でも！

↓

方法は「丁寧」だけじゃない、

得意なやり方もそれぞれ。

まず大切なのは、
自分のトリセツをシェアすること

5章

丁寧すぎるさんは「遅咲き」でいい

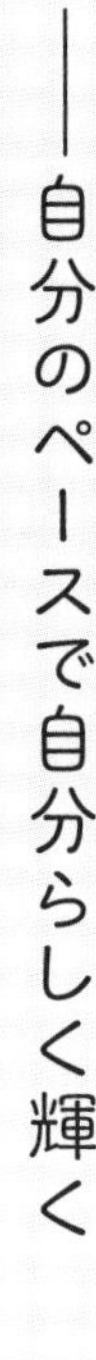

——自分のペースで自分らしく輝く

「がんばりすぎ」をやめてみたら
入社のあいさつ
即戦力になれるように、少しでもはやく…
…
パチ
パチ
パチ
はじめはなかなか
それってあんまり効率よくないよね
もうちょっと要領よく
グ
グ
サッ
サ
認められなくても
キミは着実に力をつけている！
キミ
大丈夫!!
バーッ
大器晩成
花開いたとき誰よりもみんなの役に立てるようになっています
パチ
パチ
すご～い

この本を手に取ってくださったとき、あなたは「がんばらない」選択肢なんて、想像すらできなかったと思います。

がんばらないとは妥協することで、相手のお役にも立てなくなってしまう。そう思っていた。

でも、今のあなたはもう違います。

最後に私からお話ししたい、大切なことがあります。

私たちは、遅咲きでも大丈夫。
遅咲きで、いいのです。

ここまで何度もお話ししてきたように、丁寧すぎるさんは、緻密(ちみつ)で、確認好きで、慎重で、慣れないことはあれこれ質問してからでないと動き出せません。理解することに時間をかける性分ですし、エラーケースを想定して動くことを好みます。

つまり、**早い段階で成果を出すタイプではない可能性が高い**のです。

それなのに、焦りのあまり気持ちだけでロケットスタートしようとしてしまいます。

左のページのグラフの曲線は、丁寧すぎるさんのパフォーマンスと、そうでない人のパフォーマンスの差がどのようになるかを、わかりやすく表しています。

丁寧すぎるさんはスロースターターですから、まわりの人が職場に慣れて、仕事をスイスイこなし、めきめきと頭角を表しはじめる頃は、まだくすぶっているかもしれません。

そんなときに思い出していただきたいことがあります。

他の人が花開きはじめた頃、丁寧すぎるさんが何もしていないわけではないということです。

ただ、ちょっと時間がかかっているだけです。トライ&エラーを繰り返し、細かいところまで情報を集めて、たくさんの経験を蓄積している時期なのです。

そうして時間がかかった分、多くのことを理解することができるようになります。さまざまなことを想定して動いているから、経験値も上がっています。

経験値が積み上がったときには、誰よりも理解が進んでいる状態になります。

丁寧すぎるさんの学習曲線

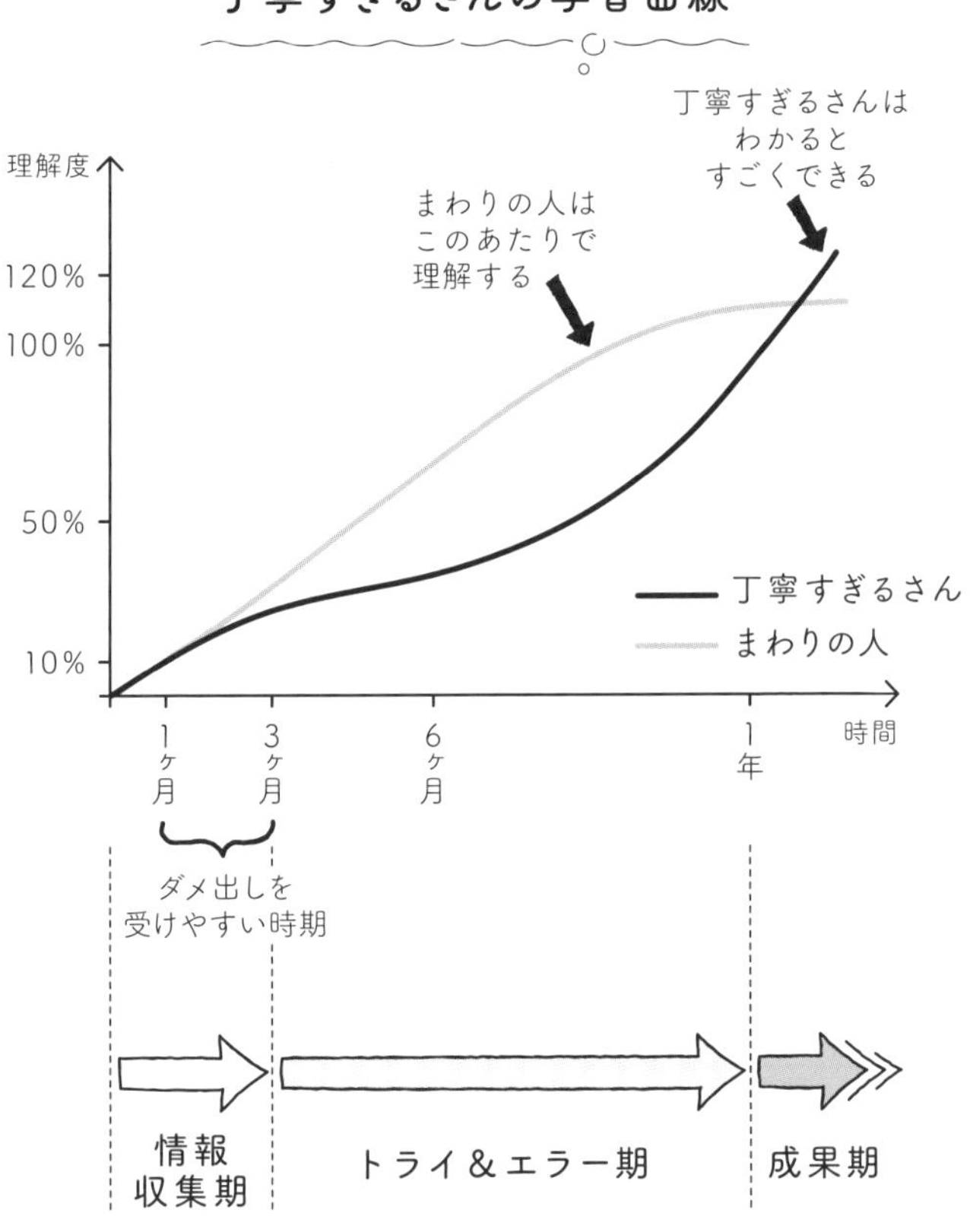

たとえばツールの理解一つとっても、単なる操作の仕方だけではなく、ここの入力をし忘れた場合にはどんな画面が出るかとか、どうやったらリカバリーできるかとか、何でも知っていて、聞いたら答えてくれるのはあなた――あなた自身はもちろん、まわりもそういう認識になります。

そう、誰よりも役に立てるようになるのです！

できるようになるまでは、他の人より遅れをとっているように感じるでしょう。でもいつか、まわりとの差はなくなります。なくなるばかりか、一気に逆転することになります。

だから、焦ることはありません。

ケア&リカバリーはこまめに

ただ、焦る気持ちはどうしたって生まれてきます。それは悪いことではないので、安心してください。

焦った自分をケアする方法を知っておけばいいのです。リラックスする時間を、こまめにつくるように心がけましょう。

ポイントは、**「一人になること」**。

人の気配を察すると、そちらに向かってアンテナが作動してしまうのが、丁寧すぎるさんです。心からリラックスするためには、誰もいない空間を確保するのが一番。家族にも、恋人にだって気を遣いますから、とにかく一人になれるところで、穏やかに過ごしましょう。

一人でお風呂にゆっくり入る。部屋で一人音楽を聞きながら過ごす。一人で本を読んで過ごす。一人、ホテルで一泊して贅沢な時間を過ごすのもいいですね。旅をするなら、一人旅にしましょう。

テレビを見るなら、リアルな人間が出てくる番組だと感情移入してしまいますから、アニメなど二次元のもののほうが気がラクです。

「自分を癒す」というと、マッサージや美容院へ行くこともよく聞きますが、実は、丁寧すぎるさんにとっては、どれも気を遣う場所です。

そんなに気持ちいいと思っていないのに、施術してくれる人に気を遣って「ラクになりました」と喜んだフリをするのは、よくあること。きっとあなたも覚えがあると思います。

美容院に行っても、美容師さんに気を遣って、あれこれ会話のネタを考えていませんか？

リラックスするには、ぜひ一人でボ～ッとしていてください。

一人でボ～ッとしている間に、エネルギーがチャージできます。

「要領が悪い」と言われても

新卒で仕事を始めたばかりの20代の頃などは、「早く仕事を覚えてね」と言われるでしょうし、即戦力になることを期待されますよね。そういう環境に置かれると、焦る気持ちもよくわかるのです。

でも大丈夫。**丁寧すぎるさんたちは「大器晩成型」**です。

今はただ、飛躍のときまでの準備期間。

いつか大きく伸びるグラフの曲線を思い出せば、焦ることはないとわかりますよね。

心置きなく自分のやり方を続けてください。

丁寧すぎるさんは考えながら仕事をします。当然、時間はかかるのです。

人によっては「効率が悪い」とか、「要領が悪い」とか言われるかもしれませんね。

でも、時間をかけていい。

特に、新しい環境に馴染むのは時間がかかるでしょう。それでいいのです。

普通なら、「まずは、言ったとおりにやってみて」と教わると思います。言われたとおりにやれば確実だし、早いし、とりあえずやってみようとする人が多いでしょう。

でも、丁寧すぎるさんのあなたは、いろいろと気がついてしまいます。

「失敗した場合、どうしたらいいんだろう」

「発注をかけても、先方にトラブルがあって遅れたら、どうしたらいいんだろう」

でも、その先回りした思考思索は、決して無駄にはなりません。

先回りして心配し、考えて、質問して、時間をかけてすべてをマスターしたときは、うまくいくときも、いかないときも、どうしたらいいのかをよくわかっているあなたになっています。


花開くタイミングは遅いかもしれませんが、満開になった暁(あかつき)には、

「これについては、あなたが一番よくわかっている」

「一番頼りになるのは、あなた」

と言われる存在になっています。

未来にそんな瞬間があるとしたら、ちょっと嬉しくなりませんか。

丁寧すぎるさんは「大器晩成型」

しんどい時期には終わりがくる

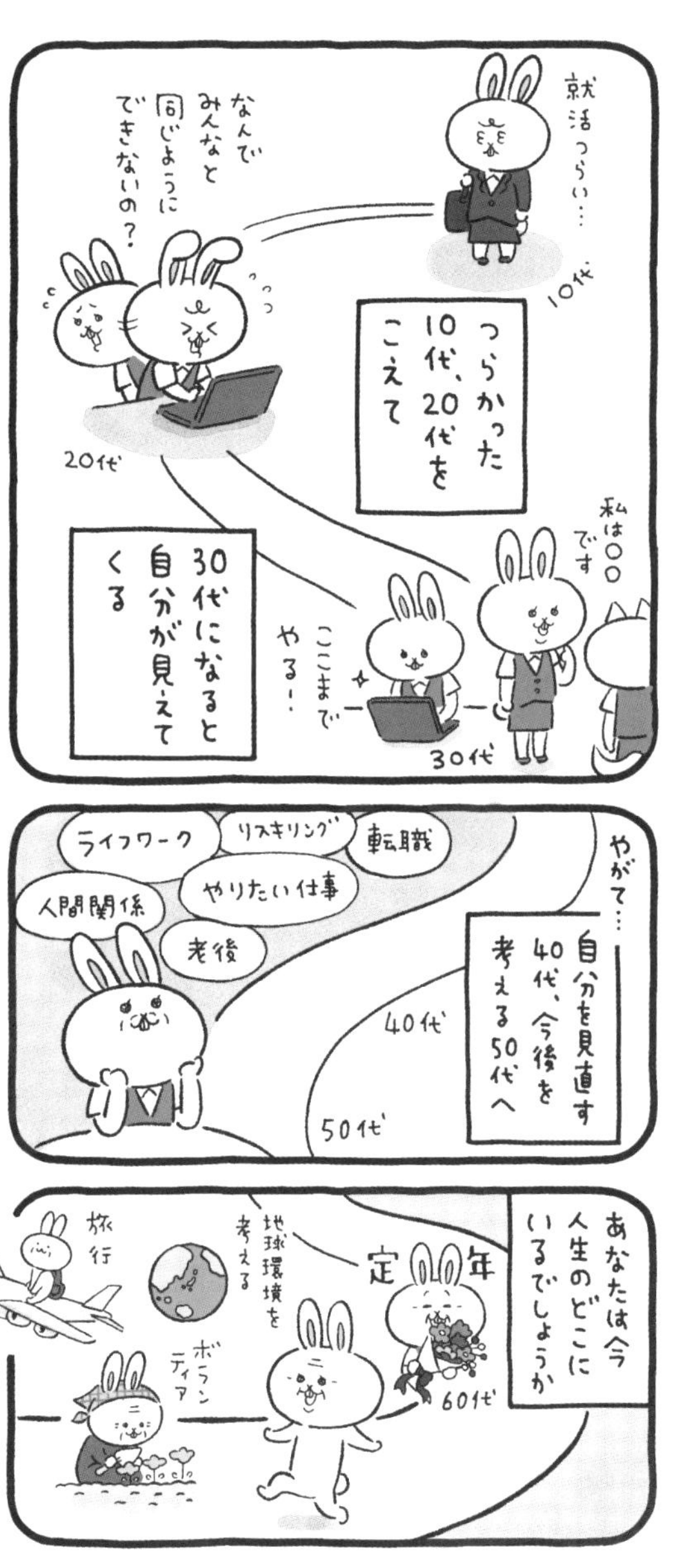

丁寧すぎるさんの一生を考えたとき、おそらく10代の間は生きるのに一生懸命です。人として、心も体も成長途中。学校でいじめられることもあるかもしれないし、社会とは何だろう、人生とは何だろうと考えています。

そして就職活動を意識しはじめる10代の終わりから20代のはじめにかけて、ここで丁寧すぎるさんは、「何のために仕事をするんだろう」「そもそも、就活したくない」という壁にぶち当たります。

でも、食べていかなくてはならないから、就職します。そこで待っているのは、今までの学生生活とは異なる形での集団生活です。

20代は、新しい集団生活に慣れていく時期。社会のなかで働くとはこういうことなのだ、と認識していく期間です。

「もっと早くできないの？」

「そんなことまで考えなくていい」

などと言われて、**自分の本来のペースとは違うペースで、物事をこなすことを求められていると気づき**ます。それになんとか慣れようとしているうちに、30代になっています。

30代になってくると、自分のことに気づきはじめます。

「どうやら、他の人のよりも時間をかけて理解するタイプのようだ」

「自分の存在意義をとても大事に思っているんだ」

ようやく、そう気づくのです。

同時に、普通に仕事をするとはこういうものなのだ、ということもわかってきます。ある程度のキャリアも積んできて、いろんな他人を見てきていますから、自分のことだけでなく、まわりのことも理解が進むのです。

そうして40代になってくると、人生もほぼほぼ折り返し地点。これから先をどうやって生きていこうかな――そう考えはじめます。

どんな人にとっても40代は、これからのライフワークをどうするか。老後をどう乗り切るか。そういう大きなテーマに直面するタイミング。

人生も後半に差しかかるのだと思って、人生の断捨離を始める人もいますね。人間関係を整理したり、自分が本当にやりたい仕事は何なのかについて、真剣に考えはじめたりする人もいます。

この年代になると、自分が断捨離しなくとも、向こうからご縁が切られるような経験もしていますから、切れたり腐ったりと人間関係にもいろいろとあることは、ちゃんとわかるんです。

こうして40代で自分を見直してから、「では、本当に私にできる社会貢献は何だろう」と考えはじめるのが50代。

そのために必要なスキルは何だろう。リスキリングは何をしたらいいんだろう。早めに転職をして経験値を上げたほうがいいのだろうか。そう考えて実践しはじめるのも、40代、50代が多いですね。

60代に入ると「定年」の二文字を意識します。社会組織から離れて、自分の家庭に戻ってきます。

この頃になると、丁寧すぎるさんの視点が向かうのは地球。世の中のために、地球のために何かできないかという、ボランティア精神があふれはじめるのです。

しかし70代になると一転して、

「まだ死にたくない」

「あと20年くらいは生きたい」

と、自分の人生を楽しむ生き方をしはじめる人が多いのも面白いところ。

こんなふうに人生の流れがあるなかで、あなたは今、どの地点にいるでしょうか。

人生が花開くまでの「準備期間」

丁寧すぎるさんの人生、30代くらいまではちょっと大変です。苦しいこともあります。あなたがもし10代、20代なら、今はしんどいかもしれません。

でもそれは、トライ&エラーの時期だから。**人生が花開くまでの「準備期間」**だからです。

そんな丁寧すぎるさんは、ぜひ、40代以降に人生をさらに楽しんでいる様子を想像してみましょう。そこに大きな目標を立てるのもいいかもしれません。

そうして**40代が見えてくれば、スッとラクになります。自分のことがわかってきて、生きやすくなります。**自分がそんなにがんばりすぎなくても、世の中はうまく回っていくのだとわかります。もしあなたががんばりすぎていても、ずっとそばにいてくれる友人は必ずいて、さびしくないのだと気づきます。

だから安心してください。あなたが今がんばっている分、ラクになるときがきます。がんばってよかったんだと思える日がきます。

そのときまで、ここまでお伝えしてきた「ちょっとだけ肩の力を抜く方法」を実践して、しんどくなりすぎないように、自分と上手に付き合ってみてください。

リーダーになることを躊躇しないで

最後に一つだけ、あなたにチャレンジしてみてほしいことを、お伝えしたいと思います。

丁寧すぎるさんは、たいていリーダー役を仰せつかるのを嫌います。今以上の負担を抱えるのが想像できますからね。

でも、あなたはもう仕事をしわけできますし、「NO」の伝え方を習得して、必要以上に抱え込まない方法を知りました。

だから、**あえてリーダーになってみてほしい**――私からのご提案です。

あなたは、人の役に立ちたいと思っています。そして、人に貢献するということは、やはりある程度、人に影響を与えることになります。

丁寧すぎるさんのあなたは、仕事も丁寧です。人間関係も丁寧にはぐくむでしょう。その努力は、40代、50代で必ず花開きます。

そこまで生きてきたあなたは、もうすでにたくさんの人のお役に立っています。気づいたら、あなたに関わってきたたくさんの人たちが、あなたを慕って、あなたのまわりにいるはずです。

誰もあなたのことを好きじゃないなんて、そんなはずはありません。

リーダーといっても、役職についたり肩書をもったりということに限りません。そうでなくとも、あなたががんばって生きていれば自ずと、あなたの存在を大切に思ってくれる人が必ず現れます。

役に立つことを続けてきた――その積み重ねが、あなたの存在価値をつくります。**あなたが花開いたとき、あなたが着実に積み上げてきた経験値は、たくさんの人に尊重される**でしょう。あなたらしくお話をしたり、自分らしく仕事をしたりすることは、まわりの人にとっては、「そんなやり方があるんですね」と、目からウロコが落ちるような経験となります。

肩の力を抜きながらでも、ただあなたのペースを守って仕事をするだけで、**そこに存在するだけで、あなたは立派なリーダーとして認められます。**

あなたががんばりすぎなくとも、あなたの背中を見てくれている人が、実はたくさんいるのだということを覚えておいてください。

あなたの存在が、きっと誰かの助けになります。

「あなたの存在自体」が誰かの助けになっていく

5章まとめ

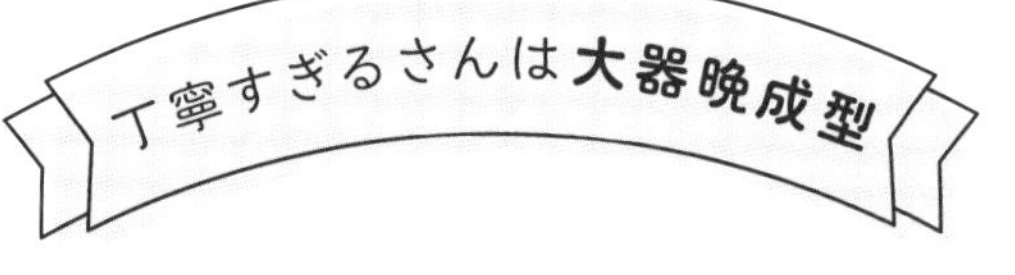

大小いろんな経験を活かす
リーダーにもなれる！

おわりに　がんばりすぎは「不器用な愛」

愛すべき、丁寧すぎるさん。

倒れちゃったり、ネガティブ思考に走っちゃったりするけれど、それはすべて、物事が完璧に進むよう、自分が投じた一石が誰かの役に立てるようにとの願いから始まっている。

言い換えれば、この世の中を少しでもストレス少なく、みんなにとって喜びにあふれたものにしたくて、つい力を注ぎすぎてしまう。そんな、ちょっぴり不器用なところが愛らしい人なのです。

本書のうさ田さんもそうです。そして、うさ田さんの人生の先輩であるミサコ先輩も、そうだったのです。

がんばりすぎる自分のことを、なかなか好きになれないかもしれません。

でも、がんばりすぎる本当の理由を思い出すことができたら、自分のことを可愛らしいと思えるようになるのではないでしょうか。

それはまるで、小さな子どもがお母さんに喜んでもらいたい一心で工作に夢中になり、空いたままの窓に気づかず、風邪を引いてしまうようなものです。

丁寧すぎ、がんばりすぎは、愛なのです。

みさきじゅり

丁寧すぎるさんのための 仕事・人間関係 力の抜きかた

著　者――みさきじゅり
マンガ――esk（いーえすけー）
発行者――押鐘太陽
発行所――株式会社三笠書房
〒102-0072 東京都千代田区飯田橋3-3-1
https://www.mikasashobo.co.jp
印　刷――誠宏印刷
製　本――若林製本工場

ISBN978-4-8379-4029-6 C0095

本書へのご意見やご感想、お問い合わせは、QRコード、
または下記URLより弊社公式ウェブサイトまでお寄せください。
https://www.mikasashobo.co.jp/c/inquiry/index.html

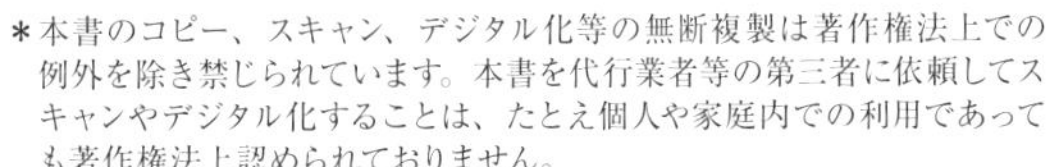